New York New York

Boeken van Bram Bakker bij
Het Sporthuis/De Arbeiderspers:

Te gek om los te lopen
Te zot voor woorden
De halve van Egmond
Runningtherapie (met Simon van Woerkom)
New York New York

Bram Bakker

New York New York

Van de halve van Egmond naar
de hele van New York

Uitgeverij De Arbeiderspers / Het Sporthuis
Amsterdam · Antwerpen

Copyright © 2009 Bram Bakker

Niets uit deze uitgave mag worden verveelvoudigd en/of openbaar gemaakt, door middel van druk, fotokopie, microfilm of op welke andere wijze ook, zonder voorafgaande schriftelijke toestemming van BV Uitgeverij De Arbeiderspers, Herengracht 370-372, 1016 CH Amsterdam.
No part of this book may be reproduced in any form, by print, photoprint, microfilm or any other means, without written permission from BV Uitgeverij De Arbeiderspers, Herengracht 370-372, 1016 CH Amsterdam.

Omslagfoto: Woodhouse Productions
Omslagillustratie: Peter Foley, USA *New York City Marathon* /
EPA/AMP

ISBN 978 90 295 7123 4 / NUR 489, 301

www.arbeiderspers.nl
www.uitgeverijhetsporthuis.nl
www.brambakker.com

Inhoud

Inleiding 7
1 Run like it's 10/2 10
2 Armstrong nu, en andere grootheden 20
3 Een acute blessure 25
4 'De man met de hamer heb ik al een tijdje niet gezien' 37
5 Trainen met een schema 44
6 De marathonkalender van Rob Veer 50
7 Meten is weten 58
8 Rob Druppers: 'Zonder plezier gaat het niet' 63
9 New York stories 70
10 Hugo van den Broek: 'Als ik een snelle tijd wil lopen moet ik niet te veel met de tijd bezig zijn' 81
11 Olympische marathon 89
12 Oost-Afrikanen 100
13 Tim Krabbé, sportschrijver 105
14 Het Kopje van Bloemendaal 112
15 Generale 118
16 Zomaar een marathon 122
17 Wim Verhoorn, marathonpionier: 'Je loopt er door de wereld heen' 130
18 Voorpret 139
19 Marathon time! 149
20 Epiloog 161

Websites 165

Inleiding

Inleiding

Na tien keer de marathon van Rotterdam, zes keer die van Amsterdam en niet te vergeten: zeven keer Etten-Leur, moest het er een keer van komen. Eind 2006 vertrok ik naar de Verenigde Staten, om voor het eerst deel te nemen aan een buitenlandse marathon. En dan ook maar direct de meest voor de hand liggende, die van New York. Ik ken vele mensen die in plaats van 'Napels zien, en dan sterven' het motto 'New York lopen, en dan sterven' hanteren. Dat zeggen ze natuurlijk niet met zoveel woorden, maar ze bedoelen het wel. 'Ik heb me voorgenomen om ten minste één keer in mijn leven een marathon te lopen, en dat moet gebeuren in New York' of 'Over negen jaar, als mijn zoon twintig is, ga ik met hem de marathon van New York lopen' of 'Ik heb een pesthekel aan hardlopen, maar die happening wil ik een keer meemaken'.

En zo zijn er nog vele variaties denkbaar, die steeds dezelfde boodschap in zich dragen: het lopen van de opwindendste en grootste marathon ter wereld is een groot project in het leven van iedere deelnemer. Als evenement laat het zich in Nederland slechts vergelijken met de Elfstedentocht, waarbij moet worden aangetekend dat de reputatie van de schaatstocht voor een groot deel gebaseerd is op de zeldzame keren dat hij kan worden verreden. Het is nog maar de vraag of ieder jaar een Elfstedentocht tot evenveel opwinding bij de deelnemers zou leiden als gaan hardlopen in New York.

Als je een beetje kan schaatsen, en je basisconditie is goed, dan vraagt het uitrijden van een Elfstedentocht hooguit enkele weken voorbereiding. Naar een marathon wordt door de meerderheid van de deelnemers maanden toegeleefd, aan de hand van honderden trainingskilometers. Er zijn ook vele malen meer deelnemers in de grote internationale stadsmarathons van Londen, Berlijn, Boston en New York, dan er schaatsenrijders vanaf de Zwette in Leeuwarden mogen vertrekken.

Met het kenmerkende chauvinisme van een Nederlander die zich niet realiseert hoe klein de plek van ons landje op de wereldkaart is, omschrijven veel landgenoten hun ervaringen in 'the Big Apple' dan ook rustig als 'net zoiets als de Elfstedentocht'. Het grootste deel van hen is overigens nog nooit in Bartlehiem geweest, en baseert die vergelijking op een dagje voor de televisie, jaren geleden.

Uiteindelijk doet het er ook weinig toe waarmee men het vergelijkt. Of Belgen aan de Ronde van Vlaanderen moeten denken en Scandinaviërs aan een massale langlaufklassieker.

De marathon van New York moet je niet met andere evenementen vergelijken. Net als je een partner niet vergelijkt met voorgaande partners of mogelijke alternatieve kandidaten voor een relatie. De marathon van New York mag je hooguit vergelijken met eerdere edities van dezelfde happening. 'Twee jaar geleden was het ook zo koud' of 'Dit keer viel het laatste stuk door Central Park me eigenlijk wel mee'. Dat is ook hoe je het verstandigst met je man of vrouw omgaat: verwijs naar situaties in het gedeelde verleden als je een vergelijking wilt maken, bega niet de stommiteit om te melden dat je ooit op dit eiland was met A., en dat het toen veel leuker weer was, het eten beter smaakte of de mensen aardiger waren...

In 2006, het was zoals gezegd mijn eerste buitenlandse marathon, belandde ik door een gelukkige samenloop van omstandigheden in hetzelfde startvak als mijn sportieve idool Lance Armstrong. En maakte ik in mijn enthousiasme daarover een klassieke beginnersfout in wat toch al mijn eenendertigste marathon was: ik ging veel te hard van start, om een tijdje in zijn nabijheid te kunnen rennen.
Voor '42', het literaire hardlooptijdschrift dat inmiddels al niet meer bestaat, schreef ik er een stuk over, dat ik de lezer hier niet wil onthouden. Het dient slechts als opmaat naar mijn belevenissen rond de editie van 2008, het jaar dat ik mijn tweede keer in New York liep.
Hoe de voorbereiding, waar ik exact honderd dagen voor uittrok, verliep en wat de wedstrijd me uiteindelijk bracht, leest u daarna. Afgewisseld met allerlei uitstapjes die liefhebbers van sport in het algemeen, en hardlopen in het bijzonder, moeten aanspreken...

1 Run like it's 10/2

In 2006 ga ik voor het eerst in mijn leven de marathon van New York lopen. Ik liep er tot dan bijna dertig in Nederland, maar nog nooit ging ik er de grens voor over. Ik gun mezelf dit dure uitje als beloning voor het voltooien van *De halve van Egmond*, mijn eerste boek over hardlopen.

In de zomer van 2006 zat ik in Frankrijk de laatste stukken daarvoor te typen, toen ik in een klein hoekje van L'Équipe las dat ook Lance Armstrong zijn opwachting zou gaan maken in de editie van 2006. Toeval bestaat niet: in de krant die het hem zo zuur maakte met beschuldigingen over dopinggebruik, lezen dat Armstrong aan dezelfde marathon als jij meedoet, terwijl je net een stuk over hem aan het schrijven bent voor dat hardloopboek...

Ik ben gefascineerd door Lance, misschien wel geobsedeerd. Ik stelde me bij het schrijven van mijn boek de vraag of een karakter als dat van Armstrong wel voorkomt onder marathonlopers. Of een absolute overmacht, zoals Armstrong die zeven jaar in de Tour etaleerde, niet ook in de marathonwereld zou kunnen voorkomen. Wat als Gebrselassie het hoofd van Armstrong zou hebben? Zou hij dan zeven keer achter elkaar de marathon van Londen, Chicago of Berlijn kunnen winnen?

Ik verdenk Lance ervan een paranoïde karakter te hebben. De wereld is zijn vijand, en de strijd daartegen motiveert hem. Het uitzonderlijke is dat hij daarin succesvol is, terwijl de meeste achterdochtige mensen juist slechter gaan functioneren door paranoia. En vervolgens klant worden van psychiaters als ik...

In New York ga ik Lance zelf bestuderen, neem ik me midden in de hete Franse zomer voor. Dat het lastig zal worden hem te treffen te midden van bijna veertigduizend deelnemers baart me nog even helemaal geen zorgen. Ik wil weten hoe hij 'in het wild' overkomt, hoe er op hem wordt gereageerd, en vooral: kijken hoe hij de marathon loopt.

Via de reisorganisator laat ik weten een tijd te gaan lopen van minder dan drie uur. Erg ambitieus na een marathon van Rotterdam in 3.10, een half jaar eerder. Maar Lance staat vast vooraan, dus ik moet wel... Op Schiphol krijg ik het document dat nodig is om mijn startnummer op te halen. Ik heb 775!!!!! De afstand tot Armstrong is ineens stukken kleiner.

Op een donderdagavond komen we in New York aan, het is nog maar drie dagen voor de wedstrijd. Overal in de stad zie je hardlopers, en rond Central Park heerst een soort onrust die ongetwijfeld door hen wordt veroorzaakt. Op vrijdag ga ik naar Niketown, de mooiste sportwinkel die ik ken. Ook hier staat alles in het teken van de marathon, en van Lance... Het sponsorcontract dat hij nog steeds heeft, zal bepaald niet kinderachtig zijn. De loopafdeling hangt vol met een soort basketbalbroeken van het type waarin Lance een paar maanden terug figureerde in het grootste hardloopblad van de wereld. Hij gaf een interview waarin hij benadrukte in zijn lekkere oversized short te willen lopen, en niet in zo'n klein strak loopbroekje. Nu kan iedere sterveling exact dezelfde outfit kopen als de man die volgens een plaatselijke krant 'zeven jaar de zwaarste sportwedstrijd ter wereld regeerde'. Een sterk staaltje productpromotie.

Op shirtjes en petjes staat 10/2 afgedrukt, en de hele winkel is volgeplakt met de slogan: 'Run 26.2 like it's 10/2.' 26.2 is het aantal mijlen dat een marathon meet, weet ik. Maar 10/2? Ik vraag een enorme neger met een personeelsbadge op zijn basketbalpak (hem staat het wel) wat 10/2 is. Hij kijkt me aan alsof ik de grootste onnozelaar ben die hij ooit zag. 'That's the day Lance found out that he was suffering from cancer.'

Dat ik dat nou toch niet wist. Terwijl iedere Amerikaan die Nederland bezoekt natuurlijk wel weet dat 6 mei de dag is dat Pim Fortuyn werd vermoord. Om eens een dwarsstraat te noemen.

Ik koop een paar sokken, omdat ik voor elke marathon nu eenmaal altijd nieuwe sokken koop, en verlaat snel de winkel. Wat een gekkigheid daar, ik erger me scheel.

Vrijdagavond heb ik met loopvrienden afgesproken in de bar van het historische Warwick Hotel, op de hoek van 54th Street en 6th Avenue. We zijn daar niet de enigen: tientallen Nederlanders hangen aan de bar of zitten op elkaar gepropt om kleine tafeltjes heen. Als ik de bierconsumptie zo bekijk zitten hier niet de toppers.

Wim Verhoorn is er ook, de vroegere trainer van Gerard Nijboer. Wim is een grootheid in de internationale marathonwereld, en heeft achter de schermen veel invloed in New York. Ik ken hem vooral als trainer van de Centurions, het hardlopende herengezelschap waar ik lid van ben. Wim heeft een grote verrassing voor me: hij kan me meenemen in een van de laatste bussen die zondagochtend vroeg over de Verrazano Narrows Bridge gaan, alvorens het urenlange wachten op het startschot begint.

En ik kan bovendien met hem mee naar het ontbijt van de racedirectors. Ontbijten in een warme gymzaal in plaats van in de koude buitenlucht. Ook mijn lage startnummer blijk ik te danken te hebben aan zijn bemoeienis. Van je vrienden moet je het dus écht hebben.

Ik drink maar twee biertjes en slaap die avond opnieuw slecht. Niet door het tijdsverschil, maar door oplopende spanning. Ik denk aan het verhaal dat ik in het hotel opving: Lance was trainend in Central Park gesignaleerd. Met een muts over zijn hoofd en een donkere bril op, en omgeven door een ploegje mensen waaronder ongetwijfeld wat bodyguards.

De zaterdag slenter ik een beetje door de stad, doe onverantwoorde uitgaven onder het motto dat het in New York veel goedkoper is dan in Nederland, en bestudeer een glossy met op de omslag Lance Armstrong. Als een heuse filmster staat hij afgebeeld. Met een gespierd en ontbloot bovenlijf, inclusief sixpack, showt hij jeans. Er is zelfs een foto met een enorme slang om zijn nek. Lance Armstrong is een fenomeen in Amerika, met een betekenis die veel verder gaat dan de sport. Hij is de verpersoonlijking van the American dream: alles kan, als je motivatie maar goed genoeg is. De Nederlandse columniste Karen Spaink, die terecht benadrukt dat de soort kanker veel meer invloed op je overlevingskansen heeft dan je mentaliteit, zou hier worden weggehoond.

Ook mijn nacht voor de wedstrijd is belabberd. Om half zes kan ik echt niet meer slapen, en sta maar op. Een half uur voor vertrek zit ik al in een van de bussen waarin Wim een plek heeft geregeld. Ik durf hem niet te gaan zoeken, want ik zit nu in de laatste bus, en als die voor mijn neus wegrijdt...

Door wat oponthoud zijn we pas rond half acht de brug

over. Overal zijn lopers, de meesten gehuld in plastic. Het is prachtig weer, maar erg fris. Een graad of vier, schat ik. Gelukkig zie ik Wim in de gymzaal. Hij stelt me op mijn gemak, voor zover dat nog mogelijk is. De meeste racedirectors, allemaal aanwezig op uitnodiging van de organisatie, gaan zelf niet lopen. Ze moeten om negen uur allemaal weer in de dubbeldekkerbussen zitten van waaruit ze de wedstrijd gaan volgen. Rond kwart over negen is de gymzaal vrijwel uitgestorven. Ik zoek contact met een van de weinige overblijvers, die eruitziet alsof hij een beetje kan lopen. We hebben een nietszeggend gesprekje terwijl we allerlei overdreven rekoefeningen zitten te doen op een mat in de hoek van de zaal. Volgens de man kunnen we wachten tot kwart voor tien met naar buiten gaan. Maar als we om vijf over half de laatste twee aanwezigen in de gymzaal zijn, gaan we toch maar snel naar buiten. Ik loop langs de borden met de veel hogere startnummers naar voren. Honderden lopers zijn vooral bezig zichzelf een beetje warm te houden. De sfeer is opvallend ontspannen. Er is nog niemand bezig met zijn plek in het startvak of alvast een beetje opdringen.

Als ik bij het vak voor de nummers 1-1000 kom, besluit ik eerst maar brutaalweg naar voren te lopen. 'Vooraan is altijd plek' zei een vriend van me ooit, en dat is meestal waar gebleken. Een vriendelijke man kijkt even naar het startnummer dat ik onder mijn plastic wegwerpjack heb zitten, en laat me het startvak in. Vrijwel direct daarna krijgen we het sein dat we mogen doorlopen naar de startstreep. Er volgt een korte sprint langs allerlei bussen, die ik bekroon met een gedeelde eerste plaats: ik sta helemaal vooraan, direct achter het cordon mannen dat ons verhindert om nu al over de startmatten te vliegen.

Na een paar minuten wachten verschijnt rechts voor

ons een peloton politieagenten. En daarachter, veel geringer in aantal, de mannelijke toplopers. En Lance. Geflits van camera's alom, en veel gejoel. Maar niet in de richting van toppers als Tergat, Ramaala, Kipsang of Baldini. Alles draait om Lance. De man dribbelt geen kleine rondjes meer, zoals de andere uitverkorenen voor ons. Hij loopt heen en weer tussen bewonderaars. Mensen in rolstoelen, jonge meisjes, politieagenten en brandweerlieden roepen hem aan. Zou Jezus dezelfde gekte hebben meegemaakt, vraag ik me ineens af. Armstrong geeft het publiek wat het vraagt. Maar wel met mate: hij zet een enkele handtekening, schudt wat handen en gaat met wat uniformen op de foto. Toch is hij er met zijn hoofd niet helemaal bij, zie ik. Waarschijnlijk denkt ook hij aan de vele kilometers die hij te gaan heeft. Zijn rol als publiek icoon speelt hij op de automatische piloot. Een zekere spanning kan hij niet verhullen, maar dat hoeft ook niet natuurlijk. Beseffen alle mensen die zijn aandacht proberen te trekken wel dat deze man aan de start staat van zijn eerste marathon?

Bodyguards zijn niet te bekennen. Armstrong stelt zich op achter de streep met op het oog maar twee mensen die bij hem horen. Een jonge vent, waarschijnlijk ook een *cancer-survivor*, en Alberto Salazar. Die ik slechts herken, omdat ik gelezen heb dat hij Lance de eerste tien mijl zal hazen. Salazar ziet er trouwens uit alsof hij ook iets kwaadaardigs onder de leden heeft. Maar zoals meestal bij hardlopers zal het wel een trainingseffect zijn.

De knal klinkt, en we stormen met zijn allen de brug op. Binnen tien seconden loop ik achter mijn studieobject. En ik lijk gek genoeg de enige die daar behoefte aan heeft.

Armstrong loopt op kop, en pal achter hem lopen Alberto Salazar, winnaar van de beroemdste marathon in de wereld in 1980, 1981 en 1982, en Bram Bakker, amateuristisch loopfanaat uit Nederland.

Ik loop in een jongensboek, en ben het me ten volle bewust. Voor anderen is het hun trouwdag, voor mij is dit een van de mooiste dagen in mijn leven. Hoewel het koud is en we nog maar een paar minuten onderweg zijn, zweet Lance al als een otter. En hij gaat voor mijn gevoel vreselijk hard die hoge brug op. Zijn bovenlijf ziet er inderdaad goed getraind uit. En onder die basketbalbroek zie ik mooi wel een strakke broek zitten. Die zal ál te veel schuren moeten voorkomen. Armstrong heeft geen lopersbenen, dat is duidelijk. Het meest imposant vind ik zijn borstkas. Niet de breedte, maar vooral de diepte lijkt me ver bovengemiddeld. Daaronder zit dus een van de beste hart-longmachines uit de menselijke geschiedenis!

Volgens het polsbandje met tussentijden (die zijn aangepast aan het parkoers) moet onze eerste mijl vanwege de beklimming van de brug de langzaamste zijn. Armstrong is echter beduidend sneller dan de beoogde tussentijd.

Ik spreek Salazar aan: 'Don't you think we're going too fast?' Salazar knikt, maar voegt eraan toe: 'The guy knows what he's doing.' Daar ziet het wel naar uit, ja. Er wordt ook helemaal niet 'gehaasd'. Lance loopt op kop, wij volgen. We lopen op de linkerweghelft van de brug, en aan de andere kant van de middenberm lopen ondertussen ook tientallen mensen die uit een ander startvak afkomstig zijn. Soms herkent een enkeling de beroemdheid, en roept iets in zijn richting. Een oude vent klimt over de betonnen afscheiding van de weghelften en gaat hinderlijk voor Lance lopen. "I'm a survivor too!" roept hij vrolijk. En vervolgens beveelt hij zichzelf aan als ideale gangmaker, omdat hij al meer dan veertig marathons binnen de drie uur voltooide. Armstrong negeert de man totaal. Hij negeert hem zo verschrikkelijk dat de man vanzelf weer aftaait. Er is dus niet enkel sprake van een grote aantrekkingskracht, maar ook van bovengemiddelde kwaliteiten mensen af te stoten.

We zijn bijna de brug over. Armstrong heeft nog met niets of niemand contact gemaakt. Hij kijkt strak voor zich uit, en dat is het. We lopen nog steeds in een klein groepje van een man of vijf. Een klein mannetje rent doorlopend om het clubje heen. Omdat hij als een echte vedette ook een naam heeft in plaats van een startnummer, kan ik hem thuisbrengen als German Silva, ook al een oud-winnaar (1994 en 1995). De jonge vent, die inderdaad bij Armstrongs foundation blijkt te horen, ziet net als ik al flink af. Voor mijn gevoel koersen we op 2.45 of zo. Ik zoek wat afleiding en wend me nog eens tot Salazar. Of hij hier na zijn laatste overwinning nog vaak gelopen heeft. 'Dit is de eerste keer,' antwoordt hij.

'You're joking!' Lance reageert vanuit het niets. Ik zou denken dat hij niet eens meegeluisterd had. Er volgt een korte conversatie over blessures, goede voornemens en niet gerealiseerde doelstellingen. 'How do you like it, so far?' vraag ik plompverloren aan de oud-wielrenner. 'It's okay' en hij knikt me vriendelijk toe. Om daarna weer wat aan de zonnebril te frutselen die hij vermoedelijk ook slechts draagt vanwege een dik sponsorcontract.

Kort daarna is het gedaan met de lol. De 'Lancecam' komt het parkoers op, een forse motor met een vergroot zijspan en daarop een cameraman en een potige kerel die niets anders hoeft te doen dan ruim baan maken, met zijn stem of zijn vuisten. Het ding maakt enorm veel lawaai en stinkt navenant. Door de knalpijp die hoog de lucht in steekt kan iedereen nu van grote afstand zien dat er iets bijzonders in aantocht is. Ineens wordt Lance door iedereen herkend. Mensen langs de kant gaan uit hun dak alsof Jezus voorbijkomt, lopend op water in plaats van asfalt. Ook de hardlopers zelf blijken gevoelig voor de motor. Als een magneet trekt hij de nieuwsgierigen aan. Binnen een paar honderd meter rennen er honderdvijftig mensen in de nabije omgeving van Armstrong.

Op vijf kilometer klokken we 20.58, wat niet eens veel te snel is voor een eindtijd van drie uur. Toch gaat het mij wel te hard, en ik baal van die stinkmotor. Net voor het bord van vijf mijl maakt het ding een noodstop vanwege een idioot die er ineens voor staat. Armstrong flitst erlangs, totaal onaangedaan. Hij kent het waarschijnlijk uit de Franse Alpen. Salazar en ik komen tegen de motor tot stilstand, en we kijken elkaar geschrokken aan.

Voor mij is de maat vol, en ik besluit de groep te laten gaan. Het zal me niet verbazen als ik Armstrong straks terugzie, want boven vijfentwintig kilometer heeft hij tenslotte geen enkele ervaring. En ook voormalige winnaars van de Tour de France kunnen spreekwoordelijk doodgaan, toch?

Ik loop de marathon ontspannen uit, genietend van de stad en het publiek. En stilletjes lachend over mijn avontuur met Lance. Mijn eindtijd is niet schokkend, 3.15.28. Die van Lance wel: hij flikt het om precies binnen de drie uur te blijven. En verklaart achteraf dat het hem zwaarder is gevallen dan welke wielerwedstrijd ook.

De dag na de marathon koop ik op Times Square de *New York Times*, omdat daar de complete uitslag in staat.

Op het speciale katern over de marathon prijkt een foto van Armstrong, en Salazar, en mij. Het onderschrift: "Lance Armstrong, with some running legends guiding him, finished his first marathon in 2.59.36."

Zelfs in een jongensboek zou dit ongeloofwaardig zijn; nu is het echt gebeurd. Ik kan het nog steeds niet geloven.

2 Armstrong nu, en andere grootheden

In november 2006 liep Armstrong in New York dus zijn eerste marathon. Met zijn eindtijd net onder de drie uur eindigde hij als achthonderdachtenzestigste. Het verhaal gaat dat hij de eerste dagen na zijn debuutmarathon niet meer kon lopen, zo diep was hij gegaan. Dat kan beter, zal hij hebben gedacht. En aldus geschiedde: in de editie van 2007 bracht hij in Central Park een tijd van 2.46.43 op de klokken. Daarmee is hij dat jaar tweehonderdtweeëndertigste in het totaalklassement. Niet slecht, als je bedenkt dat er meer dan 35.000 deelnemers de eindstreep haalden. In 2008 loopt Armstrong zijn derde marathon, dit keer in het voorjaar. In Boston realiseert hij een tijd van 2.50.58 en een vierhonderdzevenennegentigste plek in de eindrangschikking. Ergens lees ik een volstrekt onjuiste verklaring voor het feit dat Lance in Boston een stuk langzamer is dan bij zijn tweede deelname in New York: het parkoers in Boston zou zwaarder zijn. Op de ranglijst van snelste marathons ter wereld kan iedereen zien dat dit niet waar is: Boston staat een stuk hoger dan New York, en dat komt echt niet doordat er in Boston betere lopers starten...

Wat de verklaring is voor het uitblijven van een nieuwe verbetering van Armstrongs persoonlijke record in Boston is mij niet bekend: ruzie met de zoveelste beroemdheid waar hij een tijdje mee heeft verkeerd, een opkomend griepje of domweg te weinig getraind? Hoe het ook is, enkele maanden later kondigt Armstrong aan dat hij heeft besloten om terug te keren in het wielerpeloton.

Ik denk dat het uitblijven van verdere progressie in zijn marathons daar niet geheel los van staat: Lance wil winnen, niet enkel deelnemen. Het is geen man voor de anonieme massa, het is een man met een onverzadigbare behoefte aan erkenning en bevestiging. En hoe knap 2.46 lopen in New York ook is, en alle kenners weten dat daar echt wel wat aanleg en training voor vereist is, het bevredigt de beroemde wielrenner niet.

Op mijn bescheiden niveau heb ik ook last van lichtelijk overdreven bewijsdrang. Na mijn avontuur in de editie van 2006 moet en zal ik mezelf ook verder verbeteren in New York. Om te beginnen moet de grens van drie uur daar ook door mij worden geslecht. En kinderachtig als een schooljongen die zijn klasgenootjes de baas wil blijven, stel ik mezelf 2.59.35 ten doel, een seconde sneller dan Armstrong in 2006...

Ik mag mezelf trouwens gelukkig prijzen dat mijn persoonlijke toptijd op de marathon iets sneller is dan de 2.46.43 van Lance, want stel je voor dat ik ook die tijd nog te lijf zou moeten, op mijn vijfenveertigste...

Op het moment dat ik de laatste regels van dit boek schrijf, weet nog niemand of de rentree van Lance in het wielerpeloton nu wel of niet een succes genoemd kan worden. Als je de hoeveelheid media-aandacht als maat neemt is die zeker geslaagd, maar sportief is het weinig opzienbarend, tot nu toe. Maar de Tour de France komt nog...

In het begin van het seizoen 2009, op 23 maart om precies te zijn, brak Armstrong zijn sleutelbeen in een vrij onbeduidende Spaanse rittenkoers, de Vuelta Castilla y

Leon. Hij verloor daarmee zijn reputatie van onschendbaarheid, maar bevestigde tegelijkertijd zijn status als mediaheld: het bericht ging in razend tempo de wereld over, en het dorp waar het gebeurde, Antigüedad, besloot er direct maar een gedenkteken aan te wijden om er nog wat toeristisch profijt van te trekken. Armstrong viel niet alleen, hij bekende ook dat hij het er in de afdalingen af en toe toch wel erg hard aan toe vond gaan. Dat is een uitspraak die nooit uit de mond was gekomen van de toenmalige heerser van de Tour de France...

In de Ronde van Italië kwam hij goed mee, maar niet veel meer dan dat. Twaalfde op bijna zestien minuten zal ook hem niet tevreden hebben gestemd, lijkt me. En als zijn Astana-ploeggenoot Levi Leipheimer nou had gewonnen, met behulp van Lance... Maar die werd slechts zesde in de eindrangschikking.

Dat de Giro tegenviel kan ook door het herstel van de breuk geweest zijn, of het gevolg van weloverwogen strategie, maar het kan ook een eerste bewijs zijn van het feit dat hij zijn beste jaren gehad heeft.

Ook hier fantaseer ik graag over mogelijke overeenkomsten tussen mijn sportidool en mijzelf: ergens achter in de dertig komt het pijnlijke, maar onvermijdelijke besef dat je fysiek over het hoogtepunt heen bent. Natuurlijk kun je ook op je zevenenveertigste nog een fraai persoonlijk record op de marathon neerzetten, maar altijd moet dat gevierd worden in de wetenschap dat het vijftien jaar eerder met een vergelijkbare voorbereiding vrijwel zeker *nog* sneller zou zijn gegaan.

Lance beweert dat zijn activiteiten om de kanker te bestrijden het motief waren om terug te keren in het profpeloton. Geloof hem niet: geldingsdrang en heimwee naar de spotlights, daar ging het hem om. Net als al die andere grote topsporters die het niet kunnen laten om na verloop van tijd een comeback te maken. In de overgrote meerderheid van de gevallen wordt het trouwens niets. Pas als je van de buitencategorie bent, kun je na je vijfendertigste nog domineren en succesvol terugkeren na een tijdelijk pensioen. Het mooiste voorbeeld hiervan vind ik de basketballer Michael Jordan, die op zijn veertigste nog NBA All-Star werd. Maar die man stak in zijn toptijd dan ook zo ver boven alle andere basketballers uit, dat hij nog steeds bij de besten behoorde toen hij al wel wat minder werd door de veroudering. Zo goed is Lance Armstrong nu ook weer niet, en de enige wielrenner die wat mij betreft vergeleken kan worden met Michael Jordan is Eddy Merckx. De meest succesvolle wielrenner aller tijden won tussen 1961 en 1978 bijna iedere wedstrijd die ertoe doet. Alle grote ronden, en op één na alle wielerklassiekers. Over die gemiste overwinning, in Parijs-Tours, vind ik op de Wikipedia-pagina over Merckx een prachtige anekdote, die zelfs in een boek over hardlopen vermeldenswaardig is: de Vlaamse wielrenner Noël Vantyghem (1947-1994) boekte in 1972 zijn grootste overwinning toen hij Parijs-Tours won. Dit bracht hem tot de legendarische uitspraak: 'Samen met Eddy Merckx won ik alle klassiekers die er te winnen waren. Ik Parijs-Tours en hij al de rest.' Toen Eddy Merckx stopte met wielrennen was hij overigens pas tweeëndertig jaar, maar zijn onaantastbare status wankelde al wel een beetje. Merckx was dan ook zo verstandig om nooit tot een comeback te besluiten...

Terug naar het hardlopen. In de categorie van Michael Jordan en Eddy Merckx komt ook een langeafstandsloper voor: Haile Gebrselassie. Deze Ethiopische atleet, van 18 april 1973, loopt al bijna twintig jaar in de absolute wereldtop op alle baanafstanden van drieduizend meter en verder, en sinds 2002 ook op de marathon. Gebrselassie is nog nooit gestopt, en heeft zijn zinnen gezet op de olympische marathon van 2012. Daar wil hij op negenendertigjarige leeftijd nog een derde olympische gouden plak veroveren, na twee keer goud op de tien kilometer op de baan (in 1996 en 2000). Zelfs bij deze uiterst aimabele man, die wat mij betreft niets anders verdient dan bewondering voor alles wat hij gepresteerd heeft, ook buiten het lopen, lijkt het erop dat hij toch zijn allerbeste tijd gehad heeft. Dat is wellicht een vreemde uitspraak over iemand die nog niet lang geleden, september 2008, een fenomenaal wereldrecord (2.03.59, Berlijn) liep op de marathon, maar ik acht het onmogelijk dat hij zichzelf nog eens zal overtreffen op de klassieke afstand. Hij is er te oud voor, en er is loodzware concurrentie van een man uit een jongere generatie: de olympisch kampioen van Peking 2008, de Keniaan Samuel Wanjiru, geboren in 1986, zal normaal gesproken onverslaanbaar zijn voor Haile. En als zijn eveneens illustere landgenoot Kenenisa Bekele (1982) de overstap van de baan naar de wegatletiek maakt, zal ook deze concurrent waarschijnlijk te sterk blijken.

Kortom: het verstand komt met de jaren, de topprestaties niet...

3 Een acute blessure

Als je al jaren hardloopt over langere afstanden, treedt er op veel punten gewoontevorming op. Vaste rekoefeningen, of juist helemaal niet meer. Steeds hetzelfde trainingsrondje, of dezelfde vorm van intervaltraining. Maar ook steeds dezelfde signalen dat je in vorm bent, of juist helemaal niet. De meeste ervaren lopers kennen hun lichaam heel precies. Ze hoeven niet op de weegschaal te gaan staan om te weten of ze op hun ideale gewicht zitten, of dat ze er nog wel wat kilootjes af moeten trainen. En dan de lichamelijke ongemakken: bepaalde pijntjes zijn vaak een betrouwbaar signaal dat er niet harder getraind moet worden, omdat anders overbelasting optreedt en er echte blessures ontstaan. De haptonoom Ted Troost, ooit een heuse BN-er als de persoonlijke therapeut van grote voetballers als Ruud Gullit en Marco van Basten, produceerde in dit verband een legendarische oneliner: 'Het lichaam liegt nooit.' En dat is ook zo, natuurlijk. Dat we er steeds minder bedreven in raken om naar dat lichaam te luisteren is iets heel anders, maar zij die de signalen van het lichaam niet negeren en er vervolgens ook iets mee doen, zullen minder vaak geblesseerd raken (en iets heel anders, maar niet onbelangrijk: ook rottige ziekten als kanker vermoedelijk eerder bij zichzelf gewaarworden, met een betere prognose als gevolg).

In de vijfentwintig jaar die ik nu serieus hardloop, heb

ik mezelf erin getraind om zo veel mogelijk op gevoel te doen. Dat was ook altijd een belangrijke reden om geen strakke schema's te hanteren, want dan moet je ook iets op dagen dat je je niet lekker voelt, te moe bent, of een te drukke agenda hebt. Het risico daarvan is natuurlijk dat je nooit helemaal tot op de bodem gaat, en je daardoor nooit het onderste uit je persoonlijke mogelijkheden haalt. Dat is dan maar zo, denk ik dan. De verhalen over Nederlandse toppers op de marathon die zichzelf ooit voorbijgelopen zijn, bijvoorbeeld in de hitte bij een groot internationaal kampioenschap, en daarna nooit meer op het niveau zijn gekomen dat ze daarvoor hadden, zijn mij te talrijk. Ik denk dat het lichaam een zelfbegrenzer heeft, die na zo'n ervaring zegt: alles goed en wel, maar zo bont gaan we het dus niet meer maken. Dat er soms mensen zijn die daar dan toch weer doorheen sporten, ten onrechte worden ze vaak 'mentaal sterk' genoemd, doet daar niet aan af. Het is bovendien gevaarlijk, zoals blijkt uit de dood van een enkele topsporter die niet opgaf toen het wel had gemoeten. Het tragische einde van de wielrenner Tom Simpson op de flanken van de Mont Ventoux is daarvan waarschijnlijk het bekendste voorbeeld. Maar ook op heel andere terreinen ben ik het tegengekomen, zoals in de kliniek voor jonge vrouwen met een ernstige vorm van anorexia nervosa waar ik een tijd werkte: het lichaam uitputten terwijl het allang door alle reserves heen is. Ook onder vrouwelijke hardlooptoppers op de langere afstanden herken ik het soms, en er is zelfs een heuse naam voor: anorexia atletica.

Er zit echter ook nog een heel andere kant aan bovenstaand betoog, dat eigenlijk vooral over chronische patronen gaat, en dat is het totaal onverwachte incident, dat als een donderslag bij heldere hemel optreedt. De val van het keukentrapje, de acute ontsteking van de blindedarm of het auto-ongeluk waar je in betrokken raakt zonder zelf enige schuld te hebben: allemaal voorbeelden van plotselinge gebeurtenissen die de meest gedegen voorbereiding van een zeer ervaren marathonloper in één klap om zeep helpen. Maar je kunt ook een blessure oplopen, die nauwelijks verband lijkt te houden met het lopen van lange afstanden in een gelijkmatig tempo.

Dat overkwam me eens tijdens de halve marathon van Leiden, ergens halverwege mei. Niet echt het hoogseizoen van de marathon, en ik had er dan ook niet heel hard voor getraind of gericht naartoe geleefd. Een dikke maand eerder liep ik de Rotterdamse marathon en in de weken daarna had ik mezelf veel rust gegund om te herstellen. Twee of drie keer in de week lopen, en niet meer dan een uurtje. In een rustig duurlooptempo, niks geen intervallen of intensieve trainingen.

Ik ging lopen met mijn vrienden van de Centurions en we verzamelden bij een van hen, die vlak bij Leiden woont, in Warmond. In de ochtend had het flink geregend, maar inmiddels was het droog en verscheen af en toe een zonnetje van achter de wegtrekkende wolken. We fietsten met zijn allen naar de start, midden in het historische centrum van Leiden. Ik raakte in gesprek met Peter, een nieuwe jongen in het clubje, die nog niet zo heel lang hardliep. Hij zag er niettemin uit als een serieuze, fanatieke kerel, met een strakke kale kop en een lichaam waar duidelijk arbeid aan besteed was. Hij vertelde graag eens een halve marathon binnen 1.40 uur te willen lopen, een tijd die mij meestal geen moeite kost. Spontaan bood ik aan hem te helpen deze barrière te slechten door als haas op te treden. Peter ging gretig in op het aanbod en we vertrokken op een schema van 4.40 per kilometer. Daarmee zouden we zelfs nog wat verval mogen hebben in de loop van de race. Vriend Simon, die een week eerder nog een volle marathon had gelopen, liep de eerste kilometers met ons mee, maar bleek al snel te goed hersteld om zich in te houden. Hij voerde zijn tempo op en verdween geleidelijk tussen de lopers voor ons. Ondertussen liepen Peter en ik keurig in het geplande tempo, en zelfs iets sneller. Toen we bij het tienkilometerpunt kwamen begon ik hem hardop voor te rekenen hoe ver we wel niet onder de 1.40 zouden komen als we ons tempo vast zouden kunnen houden. En dat zelfs een paar laatste kilometers van vijf minuten al niet meer fataal hoefden te zijn voor ons gezamenlijke doel. Het afwisselende parkoers, dat ons door prachtig landschap in de omgeving van Leiden had gevoerd, ging na een kilometer of dertien onder het spoor door een nieuwbouwwijk in. Niet echt een heel dynamische omgeving, maar de mensen die er toch maar langs de weg voor ons stonden te klappen, vergoedden veel. Ergens in de buurt van de veertiende kilometer liepen we over een weg aan de rand van de betreffende woonwijk. Als een echte ambtenaar koos ik voor de kortste weg, in dit geval over de stoep. Peter liep keurig achter me, hij was een dankbare loper om te hazen, en hij luisterde ook nog eens zeer geïnteresseerd naar mijn 'opa vertelt over de marathon-verhalen'.

Midden op de stoep doemde een boom op, met zo'n stoeprandje eromheen. Ik zag het ruim van tevoren, en verlegde mijn koers minimaal om erlangs te gaan. Of het toch de geringe verandering van richting was of dom toeval, weet ik nog steeds niet, maar precies op het moment dat ik de boom passeerde schoot er een heftige pijnscheut door mijn rechterkuit. Alsof iemand er een mes in had gezet, of er een kogel in had geschoten, zo voelde het. (Gek dat je er zo over denkt, zonder dat ooit zelf aan den lijve te hebben ondervonden: een mes in je kuit of een kogel in je lijf.)

Geen meter kon ik meer verder hollen, ik sleepte mijn rechterbeen als een hopeloos aanhangsel met me mee. 'Zweepslag' schoot er door mijn hoofd. Een meer waarschijnlijke conclusie dan 'messteek' of 'kogel', maar nog steeds niet iets wat ik al kende. Met pijn en moeite zeulde ik mezelf naar een verversingspost, waar twee alleraardigste mannen van de organisatie me oppikten en in een busje terugbrachten naar de finish. Daar was ik net op tijd om een glunderende Peter te zien finishen in 1.35...

De weken daarna werd duidelijk dat hier een nieuw en onaangenaam hoofdstuk in mijn loperslevven was begonnen. Ik verrekte de eerste dagen van de pijn, zelfs zitten op een stoel of liggen in bed deed zeer. De fysiotherapeut die me behandelde zei dat hij het scheurtje in mijn diepe kuitspier, de musculus soleus ofwel scholspier, precies kon voelen, als hij een beetje doordrukte. Dat doordrukken was onvermijdelijk, voegde hij eraan toe, omdat het de *diepe* kuitspier betrof. Op het moment dat hij dat deed, bleek trouwens dat ik vanaf de onderzoeksbank ineens tegen het plafond aan kon springen, zo pijnlijk was het.

Enige rondvraag in mijn omgeving leerde me dat ik hier niet met een unieke blessure van doen had. Terwijl ik zelf steeds moest denken aan een sprinter op de baan die naar zijn hamstrings grijpt, bleken ten minste twee bekenden hetzelfde doorgemaakt te hebben. Duurt zes tot acht weken, werd er doodleuk aan toegevoegd. Op mijn sporthorloge, waar ik direct na de marathon van Rotterdam had ingevoerd hoeveel dagen er nog te gaan waren tot aan de New York-marathon, zag ik dat er nog 168 dagen voor herstel en opnieuw in vorm raken beschikbaar waren, dus daarover maakte ik me geen zorgen. Maar na flink wat behandelingen en twee weken niet lopen begon ik wel een beetje ongedurig te worden, dus ik probeerde eens een stukje te dribbelen. Dat zou moeten kunnen, want ik had ondertussen bij gewoon lopen geen centje pijn. Dribbelen bleek echter iets heel anders, en binnen drie minuten kon ik omkeren en rustig naar huis terugwandelen.

Na vier weken was er de sympathieke KiKa Run, vlak in de buurt. Al maanden geleden had ik me daarvoor aangemeld, dus moest ik maar eens een nieuwe poging wagen om hard te lopen, bedacht ik me. De minimale afstand van vijf kilometer leek me een aardig begin. Direct na de start ging het heerlijk: zulke uitgeruste benen had ik in geen jaren gehad, bedacht ik me, terwijl mijn tempo helemaal niet slecht was. In de eerste scherpe bocht, na een paar honderd meter, telde ik een stuk of vijfentwintig lopers voor me, waaronder flink wat jonkies. Met een beetje inspanning zou ik me wel bij de eerste tien lopers kunnen voegen, verzon ik ambitieus alsof ik nog nooit geblesseerd was geweest. Ik voerde mijn tempo nog wat op, en na een kleine twee kilometer was ik gevorderd tot de dertiende positie in het veld, met uitzicht op meer. Heerlijk ging het, en mijn strakke steunkousen deden duidelijk hun werk, want ik voelde werkelijk helemaal niets afwijkends in mijn onderbenen. En dan: een paar honderd meter verder en daar was het weer, die pijn in de kuit. Opnieuw zonder duidelijke aanleiding. Iets minder acuut en ook wat minder scherp, maar onmiskenbaar dezelfde plek. Achter op het parkoers in het recreatiegebied waar we liepen zag ik echter geen mogelijkheid om uit te stappen, dus zo voorzichtig als ik maar kon vervolgde ik de wedstrijd. Uiteraard weer terrein prijsgevend op mensen die ik kort daarvoor had ingehaald. In een teleurstellende tijd, waar ik me een maand eerder voor zou hebben geschaamd, kwam ik als zestiende of zeventiende binnen. Een echte scheur had ik niet opgelopen, stelde ik nog enigszins gerust vast, maar het scheelde weinig. In de uren na het wedstrijdje werd het been stijf en gewoon lopen weer enigszins pijnlijk, dus ik was weer een flink stuk terug naar af.

Wat te doen, na vier weken niet of nauwelijks lopen en in het vooruitzicht verkerend dat het nog wel even gaat duren? De dag na mijn mislukte loopje stel ik gedesillusioneerd vast dat ook de weegschaal mijn gebrek aan lichaamsbeweging van de afgelopen weken heeft opgepakt: ik ben maar liefst vier kilo zwaarder geworden. Ik overleg met de fysiotherapeut, die suggereert dat ik kan gaan wielrennen, omdat ik daarbij vrij zeker weinig last zal hebben van die ellendige kuitspier. Achter in de schuur zoek ik naar mijn oude racefiets, die ik met enige moeite achter de grasmaaimachine vandaan trek. De banden zijn geheel verweerd, de fraaie donkerblauwe kleur is bedekt met een dikke laag stof. Op zolder vind ik na enig zoeken de koffer die ik vol heb gepropt met wielerkleding die ik al jaren niet meer aan heb gehad. Ik bel de fietsenmaker en vraag of hij op korte termijn een onderhoudsbeurt kan verzorgen voor een antieke Pinarello. Dat kan gelukkig dezelfde dag nog, en de avond daarna hijs ik me met moeite op het smalle zadel, waarvan ik vergeten was hoe ongerieflijk het zit. Met een heel tam gangetje rijd ik in de richting van de duinen. Na een kwartiertje kom ik er een beetje in, maar veel harder dan vijfentwintig kilometer per uur haal ik niet. Ik zet koers in de richting van het Kopje van Bloemendaal, vanuit een onweerstaanbare behoefte toch even te testen hoe hard ik daar omhoog kan. Een paar weken geleden rende ik hier in minder dan vijf minuten omhoog, en nu blijkt dat ik op de fiets amper een minuutje sneller ben in deze conditie. En liefst anderhalve minuut langzamer dan Tim Krabbé in topvorm...

Ik vind er niets aan op die racefiets, maar nog veel erger is dat mijn conditie met sprongen achteruit gaat en ik net zo'n dikzak dreig te worden als de types waar ik mijn hele leven op heb afgegeven. Dus zet ik door: ik fiets naar mijn werk, maak steeds langere rondjes door de omgeving en merk dat er ondanks mijn leeftijd toch redelijk snel progressie waarneembaar is. En mijn kuit is er totaal niet gevoelig voor. Na een paar weken rijd ik bij een tochtje van een kleine dertig kilometer voor het eerst weer met een gemiddelde snelheid die boven de dertig ligt. En met het naderen van de zomervakantie komt ook de fantasie opzetten om de Pinarello mee te nemen naar Frankrijk en daar weer eens ouderwets wat cols te gaan beklimmen. Ik intensiveer de trainingen en vergeet af en toe zelfs dat ik fiets vanwege een hardloopblessure, dat ik dit doe om mijn conditie op peil te houden, om over 140 dagen in topvorm aan de start te staan op de Verrazano Narrows Bridge in New York City.

Op een dinsdagavond race ik door de duinen vanaf Zandvoort naar Noordwijkerhout. Talloze herten lopen in de late avondzon vlak bij het fietspad. Ik maak een bocht landinwaarts, richting de Bollenstreek, om van daaruit terug te rijden in de richting van Haarlem. En opeens, bij het aanzetten op een stukje weg tegen een duin op, voel ik iets in mijn rechterknie. Een oud, vertrouwd pijntje, dat ik onmiddellijk herken als iets wat ik jaren geleden bij het fietsen ook kreeg als ik iets te fanatiek werd.

'Het lichaam liegt nooit' stel ik enigszins mismoedig vast. Maar ik besluit me er niets van aan te trekken, en stug door te fietsen. Als ik straks weer kan lopen heb ik vast geen last van die knie.

Twee dagen later fiets ik 's ochtends vroeg naar mijn werk: een kleine tien kilometer naar de pont bij de Hoogovens en dan nog een stuk of vijftien naar het terrein van het psychiatrisch ziekenhuis, aan de rand van Castricum. Ik heb me voorgenomen om de heenweg rustig te rijden, en dan de terugweg vol gas. Misschien kan ik mijn snelste gemiddelde tot nu toe wel verbeteren. Het staat op 31,4 kilometer per uur, van Amsterdam naar huis, met ook nog lichte tegenwind. Om mezelf nog wat extra te motiveren vertrek ik om 17.02 uur vanaf het werk. De pont gaat om 17.30, dus om die te halen moet ik echt boven de dertig gemiddeld gaan rijden. Als het me niet lukt rijd ik voor straf over de sluizen, neem ik me voor. Dat zijn toch flink wat extra kilometers.

Gelukkig loopt het soepel. Ik verbaas me zelfs over het gemak waarmee ik alweer kan doorstampen. Het is dat het zo veel tijd neemt, dat wielrennen. En het blijft gevaarlijk, vind ik. Hardlopen gaat dan weliswaar gepaard met een relatief hoog blessurerisico, bij fietsen liggen de ongelukken op de loer. In allerlei gedaanten, zoals bochten met losse steentjes, over de weg slingerende bejaarden en onoplettende bestuurders van auto's. Ik bedenk me dat ik voor de komende tijd ook weer handschoentjes aan moet trekken en een helm opzetten. Ga ik vanavond thuis opzoeken.

Minder dan twee minuten voor de pont vertrekt, scheur ik erop; 31,9 gemiddeld, met inbegrip van twee keer wachten voor een stoplicht. Niet slecht. Ik drink mijn bidon leeg terwijl we oversteken, en denk aan de resterende route: kan ik mijn gemiddelde nog hoger krijgen, of moet ik blij zijn als ik het handhaaf? Door de paar minuten stilstaan tijdens de oversteek van het Noordzeekanaal herstel ik aardig, en aan de overkant besluit ik er nog een schepje bovenop te doen. Ik steek de drukke verkeerskruising bij de pont over, en zet mijn tellertje weer aan. Met bijna veertig kilometer per uur suis ik langs het uitgestorven Telstar-stadion. Aan het einde moet ik even links, en dan gelijk weer rechts-links, de Valeriuslaan door. Dat is een rottig stukje, met allemaal klinkertjes. Maar als ik door het dorp Driehuis heen ben, langs het crematorium, kan ik lekker hard doorrijden over de Duin- en Kruidbergerweg en de Brederodelaan. Niks geen stoplichten meer daar.

Ik duik naar rechts, het straatje naar de Valeriuslaan in. Even remmen en goed uitkijken, want de bocht naar links komt er direct achteraan. Eenrichtingsverkeer, fietsers uitgezonderd, zie ik op het verkeersbord aan het begin van de straat, die er vrijwel verlaten uitziet. Ik zet aan, en schakel een tandje zwaarder. En dan: van achter een caravan schiet iemand tevoorschijn, blond. Meer kenmerken kan ik niet waarnemen, want ik lanceer mezelf al over de persoon heen. Het lukt me enkel nog om heel hard te vloeken.

Totaal verdwaasd lig ik op het wegdek. Mijn fiets ligt een paar meter achter me, naast een blonde mevrouw van middelbare leeftijd. Daartussenin mijn telefoon, uit de zak van mijn wielertrui gevlogen. Ik ben misselijk, moet bijna overgeven. Voel een kapotte wenkbrauw, een beurse schouder, een pijnlijke knie. Ook nog een bult op mijn jukbeen, maar dan bedenk ik dat ik vermoedelijk niets gebroken heb. Het haar van de vrouw, die doorlopend 'sorry, sorry hoor' roept, wordt steeds roder. Ze is er duidelijk nog minder aan toe dan ik. Een vriendin, die ook achter de caravan vandaan is gekomen, helpt ons beiden, zo goed en kwaad als ze kan. Ik ga op de stoeprand zitten en monster de schade aan mijn fiets. Het voorwiel is onherstelbaar beschadigd, maar verder lijkt het mee te vallen. Zelf naar huis fietsen is echter onmogelijk, zowel vanwege het voorwiel als mijn gekneusde lijf. De vriendin van de mevrouw waar ik zo hardhandig mee kennis heb gemaakt, belt de echtgenoot van de aanstichtster en het voornaamste slachtoffer van de botsing. Deze komt even later aangereden, met een mooie grote bus, waar hij mijn fiets in zet. De beide vrouwen en ik stappen in. Onderweg herhaalt de blonde mevrouw met het bebloede hoofd steeds dezelfde zinnetjes. Ze doet me denken aan een vroegere vriendin die ooit eens bij de wintersport tegen de paal van een lift aan skiede: steeds dezelfde tekst en volgens de dokter van toen een zware hersenschudding. Ook de vriendin en de echtgenoot van de gewonde mevrouw constateren dat het niet goed gaat: we zetten de beide dames dan ook maar af bij de Spoedeisende Hulp van het ziekenhuis in Haarlem-Noord. De man brengt me thuis, hij moppert nog wat na over de dommigheid van zijn echtgenote die overstak zoals je bij kleine kinderen altijd probeert te voorkomen.

De dagen na de klap loop ik met een beurs lijf rond. Alles doet me pijn, behalve mijn geblesseerde kuit. De fietsenmaker laat weten dat het ten minste een week gaat duren voor hij een nieuw wiel gereed heeft voor mijn Pinarello, en de rest van de schade hersteld is. Nu heb ik zelfs geen alternatief meer voor het lopen. De echtgenoot van het slachtoffer brengt een paar dagen later spontaan een mooi boeket langs. Zijn vrouw is nog niet in orde, vertelt hij, maar op de hersenscan die ze gemaakt hadden was gelukkig niets afwijkends te zien. Leuke sport, dat fietsen.

De volgende dag hervat ik de hardlooptraining. Liefst vijfentwintig minuten achter elkaar dribbel ik in de omgeving van mijn huis, om snel terug te kunnen wandelen als het nodig is. Maar het verloopt probleemloos, dus ik ben weer terug in mijn vertrouwde sport!

4 'De man met de hamer heb ik al een tijdje niet gezien'

Vroeger was mijn vriend Hans van Zutphen fysiotherapeut. En een hele goeie ook: hij had een florerende praktijk aan de Apollolaan, waar de gegoede burgerij van Amsterdam-Zuid zich liet behandelen, maar ook topsporters en mensen van buiten de stad, die op de mond-tot-mondreclame afkwamen. Zijn compagnon was Reinier van Dantzig, die onder meer furore maakte als fysiotherapeut van het Nederlandse mannenhockeyteam en lid van de onderzoekscommissie die Ajax enige tijd geleden doorlichtte. Hans is een prettig eigenwijze man, die veel jeugdiger overkomt dan de zesenvijftig jaar die hij volgens de kalender telt. Jaren geleden hield hij formeel op fysiotherapeut te zijn, omdat hij problemen had met de hoeveelheid tijd die hij maximaal voor een behandeling mocht declareren. Omdat hij allerlei aanvullende opleidingen had gevolgd (hij was twintig jaar geleden al osteopaat, een behandelmethode die niet geheel onomstreden is, maar volgens veel enthousiaste klanten een prima aanvulling is op de reguliere zorg), en veel breder keek dan de fysiotherapie, was hij vaak een uur met iemand bezig, om vervolgens niet meer dan een kwartier te kunnen berekenen. Koppig, maar inhoudelijk zeer goed te verdedigen, hield hij vast dat hij, als professional, bepaalt hoeveel behandeling iemand behoeft, en niet een verzekeraar.

Uiteindelijk verliet hij de formele fysiotherapie en begon een op Amerikaanse leest georiënteerde spa, onder een chic hotel in het Gooi. In een paar jaar tijd wist hij er een succesvolle onderneming van te maken, waar allerlei mensen graag heen kwamen om te sporten en/of te ontspannen. Weinig bewoners van de zogenaamde Gooise matras kenden de gezondheidsonderneming Newport Health & Spa (die hij enkele jaren geleden heeft verkocht) niet.

Ondertussen was Hans doorlopend bezig om zijn kennis over het lichaam te verdiepen, en oriënteerde hij zich ook buiten de kaders van de reguliere gezondheidszorg in Nederland. Hij volgde niet alleen de opleiding in de osteopathie, maar verdiepte zich in ayurveda (een hindoeïstische gezondheidsleer uit India) en met name de laatste jaren in microscopisch bloedonderzoek en voedingsleer.

Naast een nieuwsgierig karakter is hij ook een echte sportman. Hoewel ik ruim tien jaar jonger ben dan hij, is het meer dan eens voorgekomen dat ik hem tijdens een duurloop amper bij kon houden. Op de marathon heeft hij prachtige tijden gelopen, waarbij hij claimt dat zijn persoonlijk record een minuut sneller is dan het mijne. Ieder bewijs daarvan ontbreekt echter, en dus doe ik maar of het niet zo is: 'Hans heeft zijn p.r. op de marathon gelopen in Essen, zegt-ie. Maar er is niemand die daar ooit geweest is, en ik vraag me af of ze de afstand daar wel goed hebben gemeten.' Ook plaag ik hem graag door aan nieuwe loopkennissen te melden dat Hans een verdienstelijk loper is, die op 'de 41 kilometer van Essen' zelfs een keer 2.45 gelopen schijnt te hebben. En in New York ruim onder de drie uur, moet ik licht jaloers bekennen. Dat is ook te checken op internet, dus ontkennen dat hij daar beter heeft gepresteerd dan ik, is zinloos.

In 2007 liep ik met Hans van Zutphen en Leslie Pangemanan de Two Oceans-ultraloop bij Kaapstad, 56 kilometer in een prachtige, maar heuvelachtige omgeving en een absolute aanrader voor iedereen die niet terugdeinst voor een afstand langer dan de klassieke marathon. Hans, die toen toch ook al vierenvijftig was, klaarde dit klusje in 4.50 uur en verdiende daarmee voor eeuwig mijn respect.

Maar net als ik heeft hij sindsdien regelmatig last van blessures, die in zijn geval zo serieus zijn dat hij soms overweegt het lopen er maar aan te geven en enkel nog op de racefiets te sporten. Het is een fascinerend gegeven dat iemand met zo veel kennis en ervaring op het terrein van blessures er zelf zo door getroffen wordt.

Terwijl Hans op een alledaagse woensdagochtend mijn kuit masseert, vraag ik hem het hemd van het lijf over het ontstaan van blessures bij marathonlopers, hoe deze te voorkomen en wat te doen als je er toch onverhoeds slachtoffer van wordt. De wijze lessen die hij daarover te melden heeft zijn niet nieuw, maar kunnen niet vaak genoeg herhaald worden, omdat mensen doorlopend dezelfde fouten maken:

'Train op je gevoel, negeer de signalen van je lichaam niet, neem op tijd en voldoende rust, en als je dan eens geblesseerd bent: begin niet te snel en niet te fanatiek opnieuw. De verslaving die het lopen voor velen toch is, zet daartoe aan, maar uiteindelijk kost het je meer tijd dan wanneer je voorzichtig weer opstart als je echt voldoende hersteld bent. Goed luisteren naar het lichaam is de belangrijkste vorm van blessurepreventie.'

De grootste verbreding van zijn inzichten deed Hans echter op toen hij zich ging verdiepen in voeding. 'Ergens eind tachtiger jaren las ik in de Amerikaanse *Runner's World*, de Nederlandse editie was er nog niet eens, een interview met Carl Lewis, dat veel invloed op me heeft gehad. Een zeer intrigerende uitspraak was dat hij nooit rek- of strekoefeningen deed voor hij ging lopen. Daaruit concludeerde ik dat als een grootheid als Lewis het niet hoefde, het voor mij ook wel overbodig zou zijn. Het interview ging ook over voeding, een terrein waar ik me als sportman tot dan toe weinig mee bezig had gehouden. Ik las het boek waar Carl Lewis aan refereerde, en deed zo mijn eerste kennis over voeding op. De macht van de industrie die erachter zit, het gemanipuleerde vlees, de onnodige consumptie van massa's koolhydraten, etcetera. Net als Lewis werd ik grotendeels vegetariër. En ik ging rekening houden met de eigenschappen van allerlei natuurlijke producten. Wist je bijvoorbeeld dat gember een hele goede ontstekingsremmer is? En dat hard trainen gepaard gaat met allerlei ontstekingsreacties in je lichaam? In die tijd trainde ik al heel stevig, en tussendoor dronk ik grote hoeveelheden thee met gember. In 1993 belandde ik op de cursus van twee Duitse internisten, Spitzbart en Strunz, waarvan er eentje al in de vijftig was, maar nog steeds een toptriatleet. De cursus en het bijbehorende boekje hadden als titel *Bewegung, ernährung und denken* (bewegen, voeding en mentaal). Vooral de enorme invloed van voeding op de training en wedstrijd leerde ik daar. Zo adviseerden deze Duitsers om in de training enkel eiwitten te gebruiken, en in de wedstrijd koolhydraten. De theorie daarachter is dat je de zogenaamde "langzame" vezels, die voor duurlopers het belangrijkste zijn, het beste kunt trainen met eiwitten. Die zorgen ervoor dat de effectiviteit van de vetverbranding verbetert, maar ze gaan ook spierafbraak tegen. De glycogeen die je uit koolhydraten haalt heb je buiten de wedstrijden niet nodig.

Je kunt het je het beste voorstellen alsof je lichaam

twee motoren heeft: een krachtige benzinemotor en een veel tragere dieselmotor. De benzinemotor heeft maar een klein tankje, en is relatief snel door alle brandstof (glycogeen) heen, terwijl de tank van de dieselmotor juist heel groot is en dus lang energie (uit vetten) kan leveren. In een wedstrijd is het fijn dat je ook dat benzinemotortje hebt, maar de diesel heeft natuurlijk veel meer invloed op het eindresultaat. Zeker in een marathon. Om die te trainen zijn de lange, langzame duurlopen van het grootste belang. En naar mijn idee is dat de meest gemaakte fout bij marathonlopers. Ze trainen te hard, vanuit de gedachte "Hoe harder ik train, hoe beter ik het doe". Dat is dus niet waar. Juist door veel aandacht op lang en langzaam lopen ben ik al heel lang niet meer echt kapotgegaan. De man met de hamer heb ik al een tijdje niet gezien...

Die horloges met GPS en snelheidsaanduiding zijn voor veel lopers helemaal niet goed: ze kijken te veel naar de afstand die ze afleggen en het tempo waarin ze dat doen, terwijl eigenlijk hun hartslag de enige factor van belang is. En de voeding dus: ik eet al jaren grote hoeveelheden fruit waar veel antioxidanten in zitten, zoals cranberry's, zwarte bessen en kiwi. Als je een zware inspanning doet, produceert het lichaam namelijk veel vrije radicalen, die je met antioxidanten kunt wegwerken. Voor een wedstrijd slik ik er dan ook altijd extra van, in pilvorm. Maar ik zweer eveneens bij multivitaminen en hoge doses visolie, naast de gezonde voeding die ik sowieso nuttig. Ook ter bestrijding van de ontstekingsreacties die ik al eerder noemde.

Overigens heeft dit betoog over voeding weinig betekenis als je geen kilometers maakt, en, naar mijn idee het allerbelangrijkst, passie voor de sport hebt. Sport in de brede zin, maar in mijn geval speciaal het lopen. Ik wil niet zeggen dat ik depressief word als ik een tijdje niet hardloop, maar er komt toch een soort deken over mijn hele bestaan te liggen. Ook als ik heel vermoeid ben en toch even ga lopen, voel ik me daarna altijd beter. Het lijkt echt of dat speciaal met lopen verband houdt, met fietsen heb ik het veel minder. Alsof de belasting van grote invloed is op de beleving.'

Ook op mentaal gebied bereidt Van Zutphen zich aanmerkelijk nauwkeuriger voor op zijn wedstrijden dan de gemiddelde liefhebber. 'Ik doe heel veel aan visualisatie. Ik leef me in gedachten in op het parkoers en de snelheid die ik wil bereiken. Het hele verhaal dat ik me voorstel eindigt met een happy end: de doelstelling wordt gehaald. Het mooie van visualisatie is dat de hersenen geen goed onderscheid kunnen maken tussen dat wat je je voorstelt en dat wat er daadwerkelijk gebeurt. Door het inbeelden van een positief verhaal bereid je ze alvast voor. Daarom is het strikt vereist dat je echt positief bent in je gedachten. En je moet focus hebben. Hoe vaak zie ik niet lopers die enthousiast reageren op bekenden uit het publiek. Ze gaan lopen zwaaien, draaien zich om en verliezen al hun ritme. Bij mij veroorzaken aanmoedigingen een warme gloed, maar ik ga er niet op reageren, dat haalt me te veel uit mijn concentratie.'

Waarmee kan de gemiddelde marathonloper zich nu eenvoudig verbeteren? 'Verandering van eetgewoonten is waarschijnlijk toch de kortste klap. We eten veel te veel koolhydraten met zijn allen. Dat komt door de commercie, die uitbuit dat ze zo lekker zijn. Maar daardoor doen de meeste mensen hun dagelijkse bezigheden op glycogeen in plaats van vetverbranding. Suikers zijn verslavend, terwijl eiwitten je een vol gevoel geven. Denk dus na bij wat je eet: niet iedere dag vlees, veel vette vis en natuurlijke voeding. Daarnaast is het zinvol om iets breder te kijken dan de westerse benadering van de geneeskunst: daar is men bekwaam in de diagnostiek en behandeling van vooral acute problemen. Met meer chronische bedreigingen van de gezondheid zoals stress weet men zich minder goed raad. En dan kunnen we nog een hoop leren van wat ik de additionele behandelvormen noem. Zo'n zeventig procent van de wereldbevolking bedient zich daarvan en het zijn veel oudere behandeltradities dan de moderne geneeskunde. Dat probeer ik ook altijd aan mijn klanten te laten zien. Zo kan een hardloper veel hebben aan een yogaprogramma naast de gewone trainingen, waarin hij werkt aan zijn lenigheid. Oefeningen zijn echter lastige materie: de meeste mensen houden er na korte of langere tijd weer mee op, doordat men ze domweg vergeet. Zelf heb ik een heel ritueel, al meteen 's ochtends als ik wakker word. Het liefst ga ik dan ook direct al lekker even hardlopen: het geeft een soort "kickstart" aan de dag, het motortje wordt gelijk goed aangezet.'

5 Trainen met een schema

Hoe langer een hardloopcarrière duurt, hoe hardnekkiger de gewoonten die ermee gepaard gaan. Er zijn voetbalkeepers die voor een wedstrijd een rondje om hun doel lopen, drie keer met de onderkant van de rechterschoen tegen de rechterdoelpaal slaan en drie keer met de linker tegen de linkerpaal, om vervolgens hun handschoenentasje in een hoek van het net te leggen, alles in de overtuiging dat ze daar tegentreffers mee helpen voorkomen. Zo zijn er ook hardlopers die altijd pasta carbonara eten op de dag voor de wedstrijd, de ochtend van de wedstrijd zelf twee sterke koppen koffie drinken en vervolgens hun veters met een driedubbele knoop strikken, eerst links en dan pas rechts, omdat ze zichzelf hebben wijsgemaakt dat deze rituelen tot een betere tijd leiden. Als dit ritueel om wat voor reden dan ook niet exact wordt afgewerkt, ontstaat er vaak grote stress, die onvermijdelijk de prestaties verslechtert. En dit betekent meestal dat het geloof in het ritueel alleen maar toeneemt: de keer dat er werd afgeweken van de vaste voorbereiding was de prestatie immers niet best.

Wat vergeten wordt is dat men meestal tot ritueel gedrag overgaat naar aanleiding van een incident: in de aanloop naar een belangrijke wedstrijd gebeurde er iets eigenaardigs. De wedstrijd verliep echter heel goed, en dus moet er een verband zijn. Voor iedere volgende wedstrijd moet dezelfde eigenaardigheid worden georganiseerd, anders wordt het niets. De meest waanzinnige dingen kom je tegen: een oude veter in de ene schoen, en een spiksplinternieuwe in de andere, omdat er ooit eentje brak vlak voor een wedstrijd die uiteindelijk heel succesvol verliep. Door tijdgebrek werd er maar eentje vervangen, en nu zijn twee identieke nieuwe veters voor eeuwig taboe.

Ik loop al twee decennia marathons met als adagium: 'Ik doe alles op gevoel, dan presteer ik het best.' Ook mag ik me graag beroepen op de oneliner 'Ik wil er veel voor doen, maar weinig voor laten'. Die laatste slogan wordt overigens door wel meer marathonlopers gebruikt, want Peter Nijssen, uitgever van sportboeken en een fanatieke hardloper, meldde me direct na lezing van de eerste versie van dit boek dat hij dit ook altijd roept...

Zelf heb ik aan de vooravond van menige marathon, vrijwel altijd de zaterdagavond, een feestje bezocht, waarbij ik nadrukkelijk veel bier dronk en ten koste van alles vermeed om als een van de eersten op te stappen. Omdat ik mijn persoonlijke toptijd op de marathon liep na zo'n avond, was ik er heimelijk van overtuigd dat dit de ideale voorbereiding was.

Maar hoe ouder ik word, hoe vaker ik me realiseer dat ik met een alcoholarme voorbereiding en voldoende uren slaap wellicht nog veel sneller had kunnen zijn. Het idee dat ik de voor mij magische barrière van 2.45 nooit ga slechten, omdat ik de voorbereiding niet serieus nam in de tijd dat ik er vlakbij zat, achtervolgt me met enige regelmaat tot in mijn slaap. Het is zoiets als op een feestje niet op een heel mooi meisje af durven stappen, omdat ze jou wel niet interessant genoeg zal vinden en natuurlijk ook allang een ander heeft. Het gevoel dat je jaren later hebt als je er bij toeval achter komt dat zij die bewuste avond hoopte dat jij wat initiatief zou ontplooien, omdat ze sinds kort geen relatie meer had en jou altijd wel een intrigerende jongen vond, dat gevoel heb ik als ik terugdenk aan mijn marathontoptijd van vijftien jaar geleden.

En inmiddels wil ik dus niet alleen veel doen om een succesvolle marathon te lopen, ik wil er ook veel voor laten. Genoeg slaap, niet te veel eten en drinken, vitaminen slikken, iedere week een massage plannen, ga zo maar door. En een schema volgen. Ik, die altijd heb beweerd geen schema's nodig te hebben, omdat ik meer dan genoeg ervaring heb, val van mijn geloof: om tot een aansprekende prestatie te komen in de New York-marathon van 2008 moet ik me wellicht juist eens van een schema bedienen.

Het kan in zijn algemeenheid geen kwaad om het in de voorbereiding op een marathon af en toe eens anders aan te pakken dan je gewend bent. Veel individuele topsporters, die jarenlang succesvol zijn geweest met een bepaalde coach, breken na verloop van tijd toch met hun begeleider. 'Omdat ik nieuwe prikkels zoek' hoor je dan vaak als verklaring. En ook al ben je op je eigen niveau best succesvol geweest met een bepaalde aanpak, het kan voor iedereen nuttig zijn om eens in de zoveel tijd voor een andere benadering te kiezen. Om langer op het niveau te blijven dat je hebt, of om nog beter te worden. En wat voor topsporters geldt, zal op een lager niveau toch ook wel gelden?

Het heeft me vele jaren gekost om uit te vinden hoe ik me voor mijn gevoel het beste kon voorbereiden op een marathon. In mijn geval zou dat niet met trainingsweken van meer dan honderd kilometer en eindeloze langeduurlopen in een slaapverwekkend tempo zijn, ook al beweren deskundigen als Hans van Zutphen dat het wel moet. Bij mij is het zelden meer dan zeventig kilometer per week, en veel in een hoog tempo. De langste training was steevast een wedstrijd over dertig kilometer, met als doel het finishen binnen twee uur. Dat was een ijzeren formule. Ik liep zo'n dertigkilometerwedstrijd op de meest uiteenlopende plekken in Nederland, als het maar een week of vier voor de geplande marathon was. De mooiste die ik me herinner was de Joppeloop, ergens in de bossen onder Deventer: drie ronden van tien kilometer. Ooit won ik er een derde prijs, een tegoedbon voor de sportwinkel in Zutphen. Die bon heb ik nooit ingeleverd. Ik was er zo trots op, dat ik koos voor een jarenlang verblijf van het ding op het prikbord boven mijn bureau in plaats van inruilen voor een zoveelste paar hardloopsokken.

Dat de formule geen eeuwigheidswaarde heeft is me ondertussen ook duidelijk geworden. En de tijden van de Joppeloop zijn lang vervlogen: als ik het woord op Google intyp krijg ik drie resultaten, die ook nog eens over 'Jappeloup' gaan...

De laatste jaren lopen mijn marathontijden geleidelijk terug. In mijn omgeving probeert men mij te sussen met opmerkingen als 'je wordt ook een dagje ouder' of 'met een drukke baan en kleine kinderen kun je geen marathon onder de drie uur meer lopen'.

Ik weiger dit te accepteren, en ga ook niet in therapie om erachter te komen waarom ik me heftig tegen de achteruitgang in sportieve prestaties verzet. Ik ben bijna vijfenveertig, maar een midlifecrisis heb ik niet. Nooit gehad, en ook niet van plan er eentje te krijgen. Ik hoef geen nieuwe, veel jongere vriendin, heb geen plannen om een motor of cabriolet te kopen en een meditatieve wandeltocht door de Himalaya staat niet op mijn wensenlijstje voor de komende tijd. Ik wil de marathon binnen drie uur lopen, en wel de marathon van New York 2008. Ik wil mezelf bewijzen dat ik net als vijftien jaar geleden daar nog toe in staat ben. Dat mijn omgeving dat niet nodig vindt maakt niet uit. Het is mijn persoonlijke streven, en met indruk willen maken op anderen heeft het niets van doen. Niet geheel toevallig heb ik in mijn omgeving vooral van die kunst- en natuurliefhebbers, die iedere keer dat het woord marathon valt vragen hoe ver dat nu precies is, zo'n marathon. Of, nog erger: "Is de marathon van New York eigenlijk nog langer dan die van Rotterdam?" Ik heb grote moeite om Brahms en Chopin van elkaar te onderscheiden, maar als je niet weet dat de marathon over een klassieke afstand gaat ben je toch ook een cultuurbarbaar?

Als het straks 2 november 2008 is, de dag van de negenendertigste New York City-marathon, ben ik vier dagen eerder vijfenveertig geworden. En lid van een nieuwe veteranenklasse. Kan ik weer nieuwe lijstjes met persoonlijke records gaan aanleggen, en kijken of ik de tijden die ik tussen mijn veertigste en vijfenveertigste liep nog een beetje kan benaderen. Ik voltooi op die dag mijn tweeëndertigste marathon, als het goed is. Zestien liep ik er tot nu toe binnen drie uur, vijftien duurden langer. Als ik in New York mijn entree in de nieuwe leeftijdscategorie kan vieren met een tijd beneden 2.59.36 (Lance Armstrong, 2006), ben ik een tevreden mens.

Tegelijkertijd voel ik dat het niet gemakkelijk gaat worden, en dat ik met mijn oude tradities moet breken om kans van slagen te hebben. Om met het populaire personage van Marten Toonder te spreken: 'Tom Poes, verzin een list!'

Als ik in mijn werk een depressieve patiënt behandel met een medicijn, en het blijkt dat er geen verbetering optreedt, wat doe ik dan? Dan kies ik voor een ander middel, dat zo veel mogelijk verschilt van het eerste.

Wat zal ik dan doen als ik een trainingsgewoonte heb die niet meer werkt? Een heel andere aanpak kiezen natuurlijk. In mijn geval betekent dat het volgen van een echt trainingsschema, iets wat ik in ruim twintig jaar hardlopen nog nooit serieus geprobeerd heb. Heb ik er hoge verwachtingen van? Eerlijk gezegd niet, maar ik ben wel nieuwsgierig...

6 De marathonkalender van Rob Veer

Als je met de trefwoorden marathon en trainingsschema het internet gaat afzoeken, beland je op talloze websites. Het is dan ook niet de beste manier van zoeken, vind ik. In mijn geval was de keuze voor een schema net zoiets als de aankoop van een nieuwe auto: van beide heb ik geen verstand, maar ik verbeeld me wel dat ik een redelijke inschatting kan maken van de man of vrouw die het verkoopt. En achter ieder schema zit iemand, die je volgens mij wel een beetje moet kennen om optimaal gebruik te maken van een schema.

De ouderwetse methode om lid te worden van een atletiekclub en vervolgens te vertrouwen op de schema's van de trainer die daar rondloopt heb ik serieus overwogen, maar om persoonlijke redenen niet toegepast: het *niet* op vaste tijden hoeven trainen maakte het hardlopen ooit mede tot mijn favoriete sport, na jaren stipt op tijd allerlei trainingen van balsportclubs te hebben bezocht. Als je lid wordt van een club, moet je er ook je gezicht laten zien, vind ik. Een andere persoonlijke eigenaardigheid die me van de atletiekbaan vandaan houdt is een lichte tegenzin om in een groep te gaan trainen. Waar andere mensen juist motivatie halen uit het groepsgebeuren, krijg ik het pas echt lekker naar mijn zin als ik ver van alles en iedereen door de natuur ren. Bij wedstrijden ligt dat heel anders: daar motiveert het samenzijn met geestverwanten juist. En dat maakt het contrast tussen training en wedstrijd ook zo aangenaam.

Bij de keus van een schema is behalve de maker ook de filosofie erachter belangrijk. Wat denkt men dat het schema jou brengt? Ik kan heel goed zelf een schema in elkaar zetten, maar weet ik dan wat ik doe? Niet precies natuurlijk, het is net zoiets als een arts die zijn eigen kinderen onderzoekt: ondanks alle kennis ontbreekt de vereiste afstand in de beschouwing. Dus ging ik op zoek naar een ervaren trainer, die me ook nog eens een goed gevoel zou kunnen geven. Wat is een goede trainer? Net als in het voetbal zie je ook in het hardlopen veel voormalige toppers die trainer worden. Sommigen met veel succes, anderen met veel minder. Het is nooit wetenschappelijk onderzocht, maar ik ben zeker dat het niveau dat een trainer zelf had, geen enkele voorspellende waarde heeft voor de resultaten van de mensen die hij of zij later traint.

De legendarische uitspraak van de nogal eigenwijze, maar succesvolle voetbaltrainer Co Adriaanse, een vrij beperkte profvoetballer, over de trainer en ex-topspeler Marco van Basten is namelijk ook bij ex-topatleten van toepassing: 'Een goed paard is nog geen goede ruiter.'

En dus vond ik het geen enkel bezwaar om te vernemen dat Rob Veer zelf vooral als tienkamper in de atletiek bezig was geweest, alvorens uiteindelijk looptrainer te worden. Op zijn website zag ik dat zijn toptijden op tien kilometer en tien Engelse mijl aanzienlijk langzamer zijn dan de mijne, en een halve of hele marathon werd zelfs in het geheel niet vermeld. Maar Rob is een man die een zeer prettige uitstraling heeft en je direct het gevoel geeft dat hij goed kan luisteren. Ik ontmoette hem ooit aan de vooravond van de dertigkilometerwedstrijd in Schoorl, waar hij verbleef vanwege het DreamTeam van het loopblad *Runner's World*, dat hij al jaren begeleidt in de voorbereiding op de marathon van Rotterdam. De filosofie van Rob is niet uniek of revolutionair, maar hij heeft wel een belangrijk argument dat me doet besluiten met hem in zee te gaan: "bij een marathon komt het overgrote deel van de energie die je gebruikt uit de aerobe verbranding van vetten en koolhydraten, dus verbranding met behulp van zuurstof. Dat betekent dat de hoogte van je omslagpunt, en hoe lang je daaronder kunt blijven, van zeer grote betekenis zijn in het uiteindelijke resultaat. Het omslagpunt is de hartslagfrequentie waarboven je gaat verzuren, omdat het lichaam meer melkzuur produceert dan het kan afbreken. Hoeveel vermogen je net onder je omslagpunt levert doet er wat minder toe: een zware jongen is nu eenmaal veel meer energie kwijt bij het hardlopen dan een lichte. Over de snelheid die je kunt bereiken zegt het vermogen dus niet zo veel. Mijn schema's voor marathonlopers zijn dus sterk gericht op het vergroten van het duurvermogen, door veel aandacht voor de rustige langeduurloop, en veel minder voor het korte, intensieve werk." Precies wat ik nodig heb, want zo heb ik nooit getraind.

Ik besluit met Rob Veer in zee te gaan, als schemamaker. Geheel toevallig heeft hij net zijn hardloopscheurkalender gepubliceerd, waarbij in honderd dagen kan worden toegewerkt naar een marathon. Ik spreek met Rob af dat ik deze kalender als uitgangspunt neem, zodat ik aan den lijve kan ondervinden of het een bruikbaar product is.

En zo heb ik op zaterdag 29 juli 2008 mijn eerste training volgens een schema dat mij in honderd dagen naar een toptijd op de NYC-marathon van 2 november 2008 moet leiden. De eerste discussie met mijn kersverse begeleider heb ik dan al achter de rug. Omdat Rob veel in Frankrijk verblijft gaat dat vaak over de e-mail, wat mij betreft helemaal geen probleem.

Enkele dagen voor aanvang van de honderd dagen stuurde ik hem de volgende mail:

"Beste Rob, nog 104 dagen te gaan tot de marathon, en de eerste problemen met je schema kom ik nu al tegen. Dat zegt waarschijnlijk meer over mij dan over het schema, maar toch... In de week voor de eerste officiële training heb ik geprobeerd mijn maximale hartslag te bepalen volgens de methode die jij me adviseerde. Ik liep vandaag en eergisteren een rondje hier in de buurt, van een kilometer of zes. Ik was net terug van vakantie en nog lekker uitgerust (ben overigens benieuwd hoe lang dat nog gaat duren...). Na een kilometer of drie rustig inlopen ging ik volgens afspraak een minuut of twee versnellen en daarna dertig seconden vol gas. Dat laatste ook nog eens tegen het steilste hellinkje dat we hier in de buurt hebben. Eergisteren las ik op de hartslagmeter een maximale waarde van 178 en dat leek me te laag. Die veelgehoorde vuistregel dat je maximale hartslag 220 min je leeftijd bedraagt vind ik sowieso onzin, ik ken veel te veel mensen waarbij dat in de verste verte niet klopt. Zelf heb ik ook altijd een stuk hoger gezeten dan dat theoretische getal. Vanavond heb ik het op dezelfde manier nog een keer geprobeerd, op hetzelfde rondje. Ik was niet uitgeslapen en voelde me allesbehalve fit. In de middag heb ik zelfs op een borrel twee glazen witte wijn gedronken. Wat denk je dat ik nu als maximale hartslag meet? 184, toch een stukje hoger... Waar moet ik nu van uit gaan? Betekent dat werkelijk dat ik straks rustige langeduurlopen moet gaan doen met een hartslag van 135? Ik kan niet langzamer rennen dan met een hartslag van minstens 150. Zelfs als ik heel erg langzaam loop voor mijn doen blijf ik nog altijd boven de 140. Ik ben een pietje precies en voorzie nu al moeilijkheden bij het volgen van je schema... Ik hoor graag je reactie, sportieve groet van een nog net niet wanhopige schemadebutant."

Rob reageert snel, kort en bondig, iets wat de weken daarna zijn handelsmerk zal blijken. Tussen mijn e-mailtekst door typt hij zijn reactie: 'Verbaast me niks dat je nu al problemen hebt' en 'Het lijkt me voor de hand liggend dat we een maximale hartslag van 185 als uitgangspunt nemen.' Aan het einde volgt nog een klein lesje: "Pietje precies moet even in gesprek gaan met gerrit geduld, dan komen ze er wel uit. Je hebt nooit met zulke hartslagen gelopen en daardoor gaat het niet snel en voelt het ook nog eens als drie keer niks. Het is al mooi als je de HF (hartfrequentie) in de buurt van de 140 houdt, zeker in deze zomerse warmte. Als je er maar steeds de rem op houdt en probeert met een lage HF je langeduurlopen te doen, dan zul je zien dat je over een dikke maand ook bij die lage frequenties een behoorlijke snelheid aan kunt houden. Dat is dan het directe bewijs dat je in dat gebied efficiënter met je energie omgaat."

In allerlei variaties herhalen we deze dialoog in de eerste weken dat ik met het schema in de weer ben: B: "Vanmiddag kwam ik over anderhalf uur op een gemiddelde hartslag van 152 uit, terwijl ik echt heel rustig liep. Het was wel warm en benauwd, kan dat een verklaring zijn?"

R: "De temperatuur is absoluut een factor van betekenis. Als je rustig doortraint en het gemiddelde elke week een slagje of twee lager weet te brengen met die langeduurlopen, dan zit je over een paar maanden goed in de lage zones."

B: "In die lage hartslagzones (Z1 noem jij dat) loop ik toch veel te langzaam? In de marathon moet het echt veel sneller, wil ik mijn doel halen, een tijd van net iets minder dan drie uur, straks in New York."

R: "Door de bank genomen is Z1 ongeveer 1,5 km/uur langzamer dan je marathontempo. Overigens: de Poolse inspanningsfysioloog Zoladz, de man die het ingewikkelde gedoe rond het trainen met een hartslagmeter vereenvoudigde tot een simpel model met vijf trainingszones, die enkel gebaseerd zijn op de maximale hartslag, gaat ervan uit dat je aan de snelheid die iemand kan ontwikkelen bij 65% van zijn maximale HF kunt zien of die persoon een goed basisuithoudingsvermogen ofwel een goed ontwikkeld vetverbrandingssysteem heeft. Dat is uitermate belangrijk voor duursporters, die uiterst zuinig met hun koolhydraten om moeten gaan. De meeste marathonlopers trainen te hard en zijn daardoor vooral perfect voorbereid op de eerste dertig kilometer..."

Gedurende mijn hele voorbereiding op New York blijf ik op deze manier debatteren, maar geleidelijk groeit wel het vertrouwen dat het een goede aanpak is die Rob gekozen heeft. Veel harder ga ik niet lopen, maar mijn hartslag gaat wel steeds verder omlaag. Dat stel ik vast door af en toe een vast rondje te lopen zonder onderweg op mijn horloge te kijken. Bij thuiskomst kan ik dan in mijn schriftje, waar alle trainingen in worden opgeschreven, vergelijken: ging het sneller of langzamer dan anders, en sinds ik met het schema van Rob werk: was mijn gemiddelde hartslag lager of hoger dan ik gewend ben?

Wat de hardloopscheurkalender extra leuk maakt om mee te trainen, zijn de quotes die op de voorkant staan van ieder velletje dat de marathon dichterbij brengt. Bijvoorbeeld: (zaterdag) 99 dagen tot de marathon: 'De marathon is mijn enige vriendin. Ik geef haar alles wat ik heb.' Afkomstig van de mij persoonlijk onbekende Japanse marathonloper Toshihiko Seko. Op de achterkant staat wat ik die dag verondersteld wordt aan trainingsarbeid te verrichten.

En: (zondag) 49 dagen tot de marathon: Een goed bewaard geheim: 'The secret of success is hard work and that is why it remains a secret to so many.' Op de achterkant de trainingsopgave van die dag: drie uur lopen in de laagste hartslagzone, z1, in mijn geval ongeveer 135 slagen per minuut. Een training zoals ik die in het verleden nooit deed: ik ging nooit drie uur trainen en al helemaal niet bij zo'n lage hartfrequentie. In het tempo dat ik gewend was te lopen, minstens twaalf kilometer per uur, zou ik dan aan zesendertig kilometer komen, naar mijn smaak veel te dicht bij de complete marathonafstand...

Nu loop ik ongeveer drieëndertig kilometer in drie uur. Volgens de vuistregel die Rob me gaf zou mijn marathontempo dan op 12,5 kilometer per uur uitkomen, een eindtijd ruim boven drie uur dus. We blijven erover discussiëren en Rob blijft me maar tot kalmte manen. En zo kan ik nog wel even doorgaan.

Wat de marathonkalender in ieder geval prettig maakt is dat de trainingen worden gedefinieerd in duur van de training en hartslagzone. Dat maakt hem bruikbaar voor lopers van heel uiteenlopend niveau, omdat de snelheden waarmee getraind wordt flink kunnen verschillen, en dus ook het aantal kilometers dat iemand per week traint. Wat mij persoonlijk na verloop van tijd dwars begon te zitten was het gevoel dat ik te weinig aan tempotrainingen deed en dat er niet veel wedstrijden in het schema zijn opgenomen. Dat is mogelijk mijn ongeduld, want als je voor het eerst van je leven honderd dagen op een schema traint, is dat vermoedelijk te kort om al precies te kunnen beoordelen waar het schema aan doeltreffendheid te wensen over zou kunnen laten. Aan de andere kant kan het ook zijn dat de standaardbenadering van de hardloopscheurkalender na enige tijd individuele aanpassing behoeft. In dat geval kun je Rob beter vragen een persoonlijk schema te maken. Daar betaal je dan een alleszins redelijk bedrag voor, en die investering is echt het probleem niet voor mensen die een marathonreis naar New York kunnen betalen...

7 Meten is weten

Je kunt het zo gek niet verzinnen of het is meetbaar, weet ik sinds ik lang geleden onderzoek deed naar de behandeling van paniekaanvallen. Je kunt die aanvallen turven, je kunt iemand vragen zijn of haar gemiddelde angstniveau van een rapportcijfer te voorzien en je kunt iemand negentig vragen voorleggen waarbij er aangegeven moet worden hoe vaak een verschijnsel zich voordoet, op een schaal van 1 (helemaal nooit) tot 5 (heel erg vaak). Minimale gekte levert dan negentig punten op, maximaal gestoord vierhonderdvijftig. Op dezelfde manier kun je depressie en psychose van maat en getal voorzien, maar ook geluk en tevredenheid met het bestaan.

Tot groot plezier van vele hardlopers is hun favoriete sport omgeven met cijfers. Ik vermoed althans dat zij die deelnemen aan wedstrijden waarde hechten aan de eindtijd die ze dan noteren. Om prestaties te verbeteren kunnen cijfers ook behulpzaam zijn. Dat begint met het registreren van het aantal trainingen en de daarin afgelegde kilometers, wat zelfs veel recreatieve lopers al doen, tot regelmatige bepaling van het melkzuurgehalte in het bloed bij topatleten, die daarmee controleren of ze niet tegen overtraining aan zitten.

Met het goedkoper worden van de hartslagmeters en het beschikbaar komen van steeds meer technische snufjes als horloges met GPS waarmee trainingsrondjes zelfs in de computer kunnen worden ingevoerd en daar verder geanalyseerd, is het aantal mogelijke getallen waarmee hardlopers zich kunnen omringen steeds verder toegenomen. Maar waar heb je nu wat aan, en wat is absolute nonsens?

Om te beginnen is het heel belangrijk dat je je realiseert dat hardlopen een individuele sport is: groepsgemiddeldes of vergelijkingen met de buurman die ook hardloopt zijn misschien leuk, maar niet nuttig. Het enige referentiekader waar je iets aan hebt ben je zelf. En kijken hoe je ervoor staat ten opzichte van wat je gemiddeld scoort is dan ook zeer behulpzaam bij het bepalen van trainingseffecten of conditieachterstand. Cabaretier en hardloper Dolf Jansen meet bijvoorbeeld iedere ochtend zijn hartslag. Hoe lager, hoe beter de conditie, is de redenering die hij daaraan ophangt.

Wat is nuttig om te weten en te meten, voor iemand die zich voorbereidt op een marathon? De hoeveelheid trainingskilometers is wel interessant, maar heeft geen enkele voorspellende waarde. Heel veel lopers redeneren dat meer trainen dan de vorige keer dat ze een marathon liepen ook tot een betere tijd zal leiden. Maar dat is nog maar zeer de vraag: als je te veel hebt getraind en te weinig gerust sta je minder kansrijk aan de start dan wanneer je 'gewoon' hebt getraind, maar ook goed gerust tussendoor. Helaas voor Dolf, maar ook de hartslag in rust of het andere uiterste, de maximale hartslag, heeft weinig voorspellende waarde bij het inschatten van de prestaties op een marathon. Zelfs de tijd op een wedstrijd over tien Engelse mijlen of een halve marathon vier weken voor de marathon zegt lang niet alles. In die weken ben je als het goed is nog hard aan het trainen, en hoe zich dat uitbetaalt in de laatste twee weken voor de marathon, als je veel minder loopt en vooral moet uitrusten, laat zich moeilijk voorspellen.

Een paar jaar geleden kwam ik via via in contact met Koen de Jong, die een verleden als topsporter (wielrennen) heeft, maar nu een goedlopende onderneming heeft waar mensen niet alleen hun conditie kunnen laten objectiveren, maar ook in maat en getal iets te horen krijgen over hun fysieke gesteldheid tijdens het lezen van een ontspannend tijdschrift. Heel vaak moet Koen zijn klanten uitleggen dat ze in rust al de fout in gaan door veel te snel te ademen, wat aangeeft dat ze niet ontspannen zijn, en nutteloze energie besteden aan iets wat niet nodig is. De meest bekende maat die hij uit zijn inspanningstesten haalt is de zogenaamde vo2max: het aantal milliliters zuurstof per minuut per kilogram lichaamsgewicht dat iemand kan opnemen. Toch is dit niet het belangrijkste voor een marathonloper, omdat die niet naar maximale waarden moet kijken, maar naar de getallen die hij lang kan volhouden: het omslagpunt en de belasting die iemand bij dat omslagpunt aankan.

De relatief eenvoudige inspanningstest vertelt je dus onder welke waarden je hartslag moet blijven om goed te trainen, wat wil zeggen: niet te verzuren. Ten onrechte wordt vaak gedacht dat het omslagpunt een soort vast gegeven is, waar ieder persoon het maar mee moet doen. Maar niets is minder waar: door goed te trainen kun je het omslagpunt hoger krijgen, en het vermogen dat bij die waarde wordt geleverd eveneens.

Om het effect van mijn training volgens de kalender van Rob Veer objectief te bepalen besloot ik me door Koen te laten testen aan het begin van de honderd dagen die ik volgens het schema zou invullen, en vlak voor de marathon opnieuw. En wat bleek? De training had precies het gewenste effect opgeleverd: mijn omslagpunt was van 153 hartslagen per minuut gestegen naar 168, en de hoeveelheid Watts waarmee ik mezelf bij die waarden kon belasten van 299 naar 345.

Mijn vo2max was in diezelfde periode niet noemenswaardig veranderd (van 54,2 ml/kg naar 56,1 ml/kg), net als mijn maximale hartslag (van 181 naar 185). Ook de maximale belasting was niet imposant toegenomen: bij aanvang van de trainingsperiode 382 Watts, aan het einde 397 Watts.

Een sprinter bij wie na drie maanden intensief trainen vergelijkbare veranderingen zouden worden gemeten, zou volledig verkeerd hebben getraind. Op de sprint heeft het omslagpunt geen betekenis: het vermogen is hier het belangrijkste wat uit een test gehaald kan worden. En dan overigens nog niet van zo heel veel betekenis: de techniek waarmee dat vermogen moet worden omgezet in snelheid is op de sprint een veel grotere factor dan op de marathon, waar diverse beroemdheden grote successen boekten met een matige techniek.

Een heel ander, maar zeer belangrijk ding dat ik van Koen leerde was om aandacht te besteden aan mijn ademhaling, zowel tijdens als direct na het lopen. Door weloverwogen en geconcentreerd te ademhalen zal bij de meeste mensen de ademfrequentie afnemen. Zo ook bij mij. Het neveneffect van een rustiger ademhaling is een lagere hartslag, en de tip van Koen om direct na de training met ademhalingstechnieken de hartslag omlaag te brengen heeft mij veel opgeleverd. Zo verbeterde ik, zonder ook maar een meter meer te lopen, mijn tijden op de halve marathon met drie tot vijf minuten. De tien minuten na een training breng ik tegenwoordig ook heel anders door dan vroeger: toen startte ik direct na de training de computer vast op, of ging ik klusjes in huis doen om nog even uit te zweten alvorens te gaan douchen. Nu zorg ik dat ik direct na het lopen rustig op een stoel zit, wel goed rechtop, en probeer met goed ademhalen mijn hartslag zo snel mogelijk naar normale waarden terug te brengen. In ieder geval moet de hartslag duidelijk onder de honderd zijn alvorens ik ga douchen en eventueel nog iets anders doen. De ademfrequentie is iets waar weinig aandacht aan wordt besteed, maar die wel van grote betekenis is. Recent heeft Koen de Jong er een heel boek aan gewijd, *Verademing*, waar ik zelfs een bijdrage aan heb mogen leveren.

De gewoonte die ik me heb aangewend om met enige regelmaat een conditietest te doen kan ik iedere serieuze sporter van harte aanbevelen: uiteindelijk heb je meer aan een getal dan een gevoel als je je voorbereidt op een marathon...

8 Rob Druppers: 'Zonder plezier gaat het niet'

In 1983 vonden in Helsinki de eerste wereldkampioenschappen atletiek plaats. Eigenlijk niet lang geleden, en dat is best vreemd voor zo'n grote sport. Het wordt nog eigenaardiger als je je realiseert dat er al vanaf 1934 Europese kampioenschappen atletiek worden gehouden. De man die het initiatief nam voor invoering van een WK was de legendarische Nederlandse atletiekbestuurder Adriaan Paulen, die inmiddels allang is overleden (in 1985).

Bij de eerste editie zag Paulen weinig successen van landgenoten. De enige Nederlander die erin slaagde een medaille te behalen was de toen eenentwintigjarige Utrechtenaar Rob Druppers. Nadat hij zich met moeite had weten te kwalificeren voor de finale op de achthonderd meter, steeg hij in diezelfde finale boven zichzelf uit door in 1.44.20 het zilver te behalen, achter de West-Duitser Willi Wülbeck. De tijd van de winnaar, 1.43.65, is tot op de dag van vandaag het Duitse record. En ook de tijd van Druppers is in 2009 nog goed voor een positie in de absolute wereldtop. In 1983 wordt hij dan ook verkozen tot sportman van het jaar.

In 1985 duikt Druppers zelfs onder de tijd van Willi Wülbeck, als hij in Keulen een tijd noteert van 1.43.56. Deze tijd zal meer dan twintig jaar als Nederlands record gelden, tot het moment dat Bram Som er in 2006 elfhonderdste vanaf knabbelt.

Op het moment dat Rob Druppers het grootste succes uit zijn atletiekloopbaan boekte, was hij nog maar een paar jaar heel serieus met de sport bezig. Het geeft aan wat voor ongelooflijk talent hij moet hebben gehad. In een carrière als topatleet boekte hij in een periode van ongeveer tien jaar nog talloze andere successen, zowel op de buitenbaan als indoor. Hij veroverde vele nationale titels en records, en bemachtigde ereplaatsen op belangrijke internationale wedstrijden.

Begin 1992 kondigt hij zijn vertrek uit de topsport aan, daar mede toe gedwongen door een achillespeesblessure.

In de atletiekwereld verneemt men de jaren daarna amper nog van hem. Hij gaat werken als loop- en conditietrainer bij de professionele voetbalclub van de Domstad, en houdt dit zestien jaar vol. In een met veel mediaspektakel omgeven drama rond FC Utrecht verliest Druppers eind 2008 zijn baan, samen met drie andere leden van de technische staf. Hoofdtrainer Willem van Hanegem, die in eerste instantie is blijven zitten, vertrekt korte tijd later ook. De breuk tussen Druppers en FC Utrecht wordt echter niet ongedaan gemaakt.

Begin 2009 verschijnt er een bericht op de website van de atletiekunie dat Rob Druppers terugkeert in de atletiek, als topsportmanager van atletiekvereniging Atverni in Nieuwegein. En hij meldt zich voor de cursus runningtherapie die ik sinds enkele jaren verzorg met fysiotherapeut Simon van Woerkom en enkele anderen. Een mooie aanleiding om Rob eens te vragen naar zijn mening over de loopgekte in Nederland, de overeenkomsten en verschillen tussen baanatletiek en (halve) marathons lopen op de weg, het belang van techniek en loopscholing voor de recreatieve marathonloper, en wanneer hij zelf nu eens gaat meelopen in New York...

'Mijn conditie is nog niet zo goed, en ik ben ook wat te zwaar, maar als ik met een groepje mensen ga lopen, zullen de meesten na een uurtje rennen waarschijnlijk zijn afgehaakt. Maar ik ben ook al wel een stuk vooruitgegaan sinds ik een paar maanden geleden bij FC Utrecht stopte. Toen was het helemaal droevig. Ik ben nu al acht kilo lichter ook. Dat ik nu alweer veel mensen kan zoeklopen, heeft te maken met souplesse, een talent waarmee je geboren wordt.'

Net als de meeste jongetjes was hij een voetballertje, maar wel een snelle. Bij een groot loopevenement bij het oude Galgenwaard-stadion deed hij voor de aardigheid ook mee. Er liepen honderden kinderen over een afstand van ongeveer twee kilometer en de jonge Rob kwam tot ieders verbazing, inclusief de zijne, als eerste het stadion weer in. Van diverse kanten werd hij daarna benaderd om lid te worden van een atletiekclub, en zo begon zijn atletiekloopbaan.

'De atletiek vind ik leuker, omdat het meer om eigen verantwoordelijkheid draait. De variatie tussen alleen bezig zijn en in een groep heb ik ook altijd leuk gevonden. En atletiek zit wat dichter bij de basis, is oneerbiediger gezegd wat amateuristischer. Maar atleten zijn wel bereid naar zichzelf te kijken. Bij voetballers zie je de neiging het verlies aan alles toe te schrijven, behalve aan zichzelf. Daar had ik weleens moeite mee, in het voetbal: hadden we verloren en zaten die gasten in de bus terug alweer te overleggen waar ze vanavond nu eens zouden gaan eten. Als ik een slechte wedstrijd had gelopen was ik daar dagen ziek van, en dat hield pas op als ik een nieuwe kans had om dat recht te zetten.'

Druppers is uitgesproken kritisch over de manier waarop het bewegen in Nederland wordt aangepakt momenteel. 'Het is zo goed om ergens tussen je achtste en veertiende een tijd aan gymnastiek of atletiek te doen. Waarbij ik atletiek nog wat veelzijdiger vind dan gymnastiek. Ook voor veel voetballers zou dat in hun ontwikkeling een grote bijdrage kunnen leveren. Ik ging pas een stukje trainen met een aantal beginnende runningtherapeuten, en pikte er onmiddellijk de twee wat oudere dames uit, die ooit aan atletiek hadden gedaan. Nou ja, ouder... Ik bedoel van mijn eigen leeftijd. Ik herkende hun atletiekverleden niet omdat ze zo hard liepen, maar door hun houding, en een soort van ontspanning in hun manier van bewegen. De jeugd wordt veel te weinig aangespoord om lid te worden van zoiets als een atletiekclub. Ik help nog steeds veel jonge talentvolle voetballers om beter te leren bewegen en doelgericht aan hun conditie te werken. Soms adviseer ik zo'n talent om naast het voetbal ook eens een paar jaar aan atletiek te gaan doen, een investering die zich vrij zeker ruim terugverdient. In Nederland zou je nooit een systeem als in de voormalige DDR kunnen opzetten, waarbij de experts goed keken naar jonge kinderen en hen op grond van hun bewegingspatroon en lichaamsbouw in de richting van een bepaalde sport dirigeerden; maar het is heel wel mogelijk om er al op jonge leeftijd bepaalde talentjes uit te plukken en te kijken of je ze enthousiast kan krijgen voor bijvoorbeeld de atletiek. Als je kijkt naar de fysieke mogelijkheden van de gemiddelde Nederlander, dan is de middenafstand, van achthonderd meter tot vijf kilometer, en de steeplechase, het meest geschikt. Voor de korte sprint en de langere afstanden missen we waarschijnlijk het optimale genetische materiaal. Hoewel: zonder specifieke voorbereiding liep ik ooit een tien kilometer in dertig minuten, dat is niet slecht. (Hier is sprake van gevoel voor understatement: ook in 2009 hoor je dan al snel bij de beste tien lopers van Nederland, BB)

Techniek is vreselijk belangrijk, ook op de marathon. Door je rompstabiliteit te trainen kun je bijvoorbeeld uitstellen dat je "inzakt", iets wat de meeste lopers overkomt als ze moe worden. Tegelijkertijd zijn al die discussies over verschillende loopstijlen wat mij betreft onzin: als je die oude beelden ziet van de Engelse toppers uit mijn tijd, Sebastian Coe, Steve Cram en Steve Ovett, dan zie je die mannen ongelooflijk mooi en lichtvoetig lopen, dat kan en hoeft echt niet beter. Overigens is iemand met een mooie techniek niet automatisch ook een goede loper. Het gaat uiteindelijk toch alleen maar om de snelheid. En er zijn omgekeerd voorbeelden genoeg van "lelijke" lopers die wel verschrikkelijk hard gingen. Denk maar eens aan de voormalig olympisch kampioen Michael Johnson, die jaren de tweehonderd en vierhonderd meter domineerde. En bij ons in Nederland had je op de weg iemand als Marti ten Kate, waarvoor dat ook gold. Het zag er niet bepaald fraai uit, maar het ging wel razend hard. Bij zo'n atleet ga je toch niet proberen om hem een heel andere techniek aan te leren? Je moet streven naar het uitbannen van de grove fouten, de rest is niet zo belangrijk.

Dat er nu weinig toppers in de Nederlandse atletiek zijn, zeker in vergelijking met het verleden, heeft diverse oorzaken. Het begint ermee dat er andere keuzes worden gemaakt. Voor andere sporten bijvoorbeeld, omdat daar meer perspectief in zit, zoals een professionele carrière, er een boterham mee kunnen verdienen. Een ander aspect heeft te maken met de afgenomen aandacht voor loopscholing, met name voor de dynamische. Met passief rekken en strekken kom je niet veel verder, maar op een atletiekbaan uitvoerig allerlei oefeningen doen voor je echt gaat lopen, is zó belangrijk. Zelfs als je een begaafd technicus bent moet je dat onderhouden. En het voorkomt blessures. Maar mensen zien steeds minder het belang van oefeningen, ze nemen daar onvoldoende de tijd voor. Als ik nu een loopclinic geef, zorg ik dat er ook voor de ervaren lopers oefeningen in zitten die ze nog niet kenden. Dat maakt het ook voor hen verrassend, en het biedt mogelijkheden om zichzelf toch nog weer verder te ontwikkelen. Naar mijn idee is het lidmaatschap van een club voor iedereen die een marathon wil gaan lopen het overwegen waard: je krijgt deskundige begeleiding, kunt schema's laten ontwikkelen, je leert doseren en doet oefeningen in een groep en op de baan. De baan is ideaal voor een goede, uitgebreide warming-up, voor je de weg op gaat. En een verleden op de baan heeft geen enkele marathonloper ooit gehinderd.

Heel vaak wordt vergeten dat plezier in de sport het allerbelangrijkste is. Daarna komt hard werken, maar zonder plezier gaat het echt niet. Ik bezocht pas weer eens een grote wedstrijd, de FBK Games in Hengelo, en dan zie ik daar getalenteerde Nederlandse jongens lopen, die blij lijken te zijn dat de wedstrijd erop zit. Ze stralen geen enkel plezier uit. Wat is daar aan de hand? Het gaat me te ver om ze actief te benaderen, maar ik zou wel met die gasten aan de slag willen. Werken met toppers vind ik sowieso de grootste uitdaging. En dat ik dan een voorkeur heb voor de middenafstand spreekt voor zich. Maar je komt er niet zomaar tussen, er is ook veel politiek in die wereld van bondstrainers en bestuurders. Als trainer ben ik echter net zo ambitieus als in mijn eigen tijd als atleet: ik wil zo ver mogelijk komen, op een zo hoog mogelijk niveau werken. Wat dat betreft zou ik in de toekomst zeker ook bondstrainer op de middenafstand willen worden.

Wat ik nu probeer te doen, bij mijn club in Nieuwegein, is jonge mensen enthousiast maken voor de sport. Zo zie ik onder de allochtone jeugd heel veel talent. Dat is een groep met onder meer Marokkanen die je moet afremmen om niet te hard te gaan trainen, met alle mogelijke nadelige gevolgen vandien. Wat ik wel mooi vind is dat ze voorop durven lopen, de strijd aangaan. Een tijdje terug hoorde ik via een verslaggever dat de legendarische Sebastian Coe zich mij herinnerde als zo'n soort loper. Dat vind ik een eer.

Het is vreselijk leuk om terug te zijn in de atletiek. In de voetbaltijd deed ik er niets bij, ook doordat ik altijd meeging naar alle wedstrijden, ieder weekeinde. Ik merk nu weer dat het looptalent er nog is. Ik voer geleidelijk de afstanden die ik loop wat op, maar nog steeds moet ik oppassen voor mijn achillespezen. Tot nu toe heb ik nooit verder gelopen dan tien Engelse mijl, maar mijn eerste marathon staat gepland, natuurlijk die van Utrecht. Ik heb geen idee welke tijd ik kan realiseren, maar ik ga uit van ergens tussen drie en drieënhalf uur. Een beetje competitie lijkt me daarbij goed en zorgt vast voor variatie. En net als ik iedereen zou adviseren, ga ik flink aan loopscholing doen, om mijn techniek te perfectioneren. Hoe meer techniek, hoe minder energieverlies. Je verleert de techniek nooit helemaal, maar je moet het wel onderhouden. Ik denk dat ik door een week met een groep lopers te werken hun voor jaren dingen kan leren op dit gebied. En ik verheug me erop dat de komende jaren weer te gaan doen. Die zestien jaar ervaring in het voetbal wil ik niet weggooien, en een deel van mijn tijd zal ik er heus wel wat mee blijven doen. Maar het is voor nu heel lekker om even uit die wereld weg te zijn, want het gaat er toch wel vaak wat achterbaks aan toe. Wat dat betreft is het te midden van hardlopers een stuk prettiger.'

9 New York stories

Van alle hersenfuncties is de geheugenfunctie een van de meest fascinerende. Aan de ene kant herinneren we ons soms futiele details van onbeduidende gebeurtenissen die al jaren geleden hebben plaatsgevonden; aan de andere kant moeten we soms tot onze schaamte bekennen dat een gebeurtenis waarvan je zou verwachten dat ze blijvende indrukken zou achterlaten, geheel uit ons geheugen is gewist. Zo ken ik mannen die zich de gang van zaken rond de geboorte van hun eigen kind niet eens meer precies weten te herinneren...

Maar er zijn ook gebeurtenissen waarvan je op voorhand al weet dat je ze nooit meer zult vergeten. De eerste keer vrijen met je grote liefde, een ontmoeting met de koningin, of: deelname aan de New York City-marathon. Alle mensen die ik heb gevraagd naar hun ervaringen in New York komen vrijwel direct met anekdotes. En heel vaak steken ze dan van wal met: 'Ik herinner me het nog precies...' Dit geldt ook voor de mensen die daar meer dan twintig jaar geleden hun enige marathon liepen. En daarom is het vooruitzicht om aan de mooiste marathon van de wereld deel te gaan nemen ook zo opwindend: je weet dat je een *onvergetelijke* ervaring tegemoetgaat. Heel intrigerend zijn vervolgens wel de verschillen in wat men zich herinnert. Bij de een is het een emotie, bij de ander de entourage en bij een volgende het zware parkoers.

Toen ik in het kader van dit boek doorlopend mensen begon te vragen of ze daar ooit hadden gelopen, en zo ja, wat ze zich er nog van herinnerden, viel me ook op hoe onverwacht de antwoorden vaak waren. Ik kreeg van hele zakelijke en rationele mensen getuigenissen van hevige huilbuien na het bereiken van de finish in Central Park, terwijl meer tobberige types me ineens konden verrassen met de mededeling dat ze zich zelden zo senang hadden gevoeld als in de massa hardlopers op de Verrazano Narrows Bridge.

Een e-mail aan mijn hardloopvrienden van de Centurions, een groep mannen waar ik soms mee train en regelmatig samen wedstrijden mee bezoek, waarin ik hun vroeg naar een opvallende herinnering aan de New York-marathon, leverde vele, gevarieerde reacties op. Sommige zijn te mooi om niet met andere hardlopers te delen, dus hier een selectie.

Jeroen Wilhelm (1969), marketingmanager bij Funda
'Tot op heden heb ik New York één keer gelopen, maar het is niet de bedoeling dat het daarbij blijft. Ik heb wel meerdere marathons gelopen. Om precies te zijn vijf. Iedere marathon was en is een compleet gevecht voor mij. Ik ga door de diepste lichamelijke dalen die ik me voor kan stellen en maak de meest gruwelijke pijnen door. Zo ook in mijn eerste marathon in New York. Na drie uur en 38 minuten bereikte ik uiteindelijk dan toch de finish. Volledig uitgeput was ik. Ooit, na het voltooien van mijn eerste marathon, had ik tranen op voelen komen. Dat gebeurde ook in New York. Direct na de finish werd ik heel warm onthaald door de vrijwilligers. Mannen en vrouwen die hielpen mijn schoenen los te maken om mijn chip van de tijdsregistratie eraf te halen. Zelf kon ik niet meer

bukken... En dat deden ze niet alleen bij mij, zo ging het bij iedereen. Er stonden zelfs keurige bankjes voor opgesteld, waar je ook nog op kon leunen. "Mijn vrijwilligster" was een alleraardigste inwoonster van de stad. Zij was ook de eerste die mij met het plaatselijke enthousiasme feliciteerde met mijn prestatie. Dat was genoeg om de tranen over mijn wangen te laten rollen en haar geëmotioneerd te bedanken voor haar hulp. Van die finish kan ik me verder niet zo heel veel herinneren, daar was ik ook te moe voor. Maar de ontvangst door die vrouw is me altijd bijgebleven, het is één van mijn mooiste sportmomenten. Volgend jaar wil ik voor de tweede keer de NYC-marathon gaan lopen...'

Jan Toscani (1938), gepensioneerd, maar nog steeds actief als hardloper en -trainer
'In 1998 zou ik de New York City-marathon aan mij voorbij laten gaan. Ik had er tot dat jaar al vier gelopen, de eerste in 1980. Ik had een beetje gesukkeld met mijn lijf, en niet meer kunnen doen dan de basistraining. Ik was ook niet echt in de stemming, en had mij erbij neergelegd dat ik geen startnummer had. Maar ik wilde er wel bij zijn, om mijn makkers van de Centurions aan te moedigen. En ik voelde me daar ook toe verplicht omdat ik in die tijd in het bestuur van de club zat.

Dat ik me erbij had neergelegd bleek bij aankomst in New York duidelijk gekoppeld aan Nederland. Eenmaal op New Yorkse bodem was het met mij gebeurd. Wat een heerlijke opwinding, wat een enthousiasme, wat een voorpret. Wat doet een loper in godsnaam begin november in New York als hij of zij niet komt om te lopen? Waarom zou zo iemand zichzelf dat aandoen? Dat soort vragen spookte door mijn hoofd. Maar ja, nu was het te laat. Of misschien toch niet? Was er misschien nog een mouw aan te passen? Als ik nu eens het loopnummer over zou kunnen nemen van iemand die door een blessure was geveld? Ik wendde me tot Leo Heere, de sportarts die al sinds mensenheugenis de medische begeleider was van het Nederlandse bataljon in New York. Welke Centurion wist meer van blessures? Maar Leo gaf me niet al te veel kans. Iedereen maakte namelijk de indruk in blakende conditie te verkeren. Hij beloofde wel dat hij aan me zou denken, in geval van...

De dag voor de marathon had ik alle hoop opgegeven. Ik besloot mijn krachten ook niet langer te sparen. Dus ondernam ik die zaterdag een sightseeing die mij zo ongeveer door alle "boroughs" bracht, net als de marathon. Mijn steunzolen begonnen in de loop van de dag steeds heviger te knellen, en ten slotte moest ik ze zelfs uit mijn schoenen halen om nog een beetje pijnloos te kunnen lopen. Ik zou er niet aan moeten denken morgen een marathon te lopen!

Bij terugkomst in het hotel werd ik opgewacht door een stel uitbundige loopvrienden. Het lot was mij uiteindelijk toch nog gunstig gezind geweest. Maar kon ik nog wel starten? Na mijn slopende onderneming van die dag? Niet alleen onvoorbereid, maar ook nog kreupel.

Maar adrenaline kan gelukkig wonderen doen. Die avond schafte ik mijzelf een geheel nieuwe outfit aan. Dat moest wel, want ik had geen loopspullen in mijn koffer. Ik ging vroeg naar bed, wat weinig zin bleek te hebben, want de slaap wilde maar niet komen. Uiteindelijk sliep ik nog even in, maar was voor de wekker al weer wakker. Terwijl die toch vroeg stond. Met grote verbazing en dito opluchting stelde ik vast dat ik me zo fris als een hoentje voelde.

De NYC-marathon van 1998 werd uiteindelijk niet mijn gemakkelijkste, maar zeker ook niet mijn minste. Wat deed het er ook allemaal toe? Ik genoot als nooit tevoren en had geen enkele last van blessures. De tijd was bijzaak. Met dank aan een gevelde loper.'

Rolph Warmenhoven (1958), journalist en ex-hoofdredacteur Runner's World
Rolph is een van de zeer weinige Nederlanders die ten minste vijftien keer de marathon van New York hebben voltooid. Het betekent een levenslang gegarandeerd startbewijs, als je er dan nog steeds geen genoeg van hebt tenminste. Warmenhoven niet, want ook de komende editie is hij weer van de partij. Een aantal jaren geleden vertelde hij aan een journalist van *de Volkskrant* zeer treffend hoe hij tegen zijn favoriete marathon aankijkt: 'Als eenvoudige liefhebber kom je nooit aan het gevoel een prestatie van olympische allure te leveren. Precies dat gevoel geven ze je hier [NYC, BB] driedubbeldik.' En: 'Heel erg goed voor je ego.'

Zijn favoriete stuk in het parkoers weet hij ook precies: 'Queensboro Bridge is het zwaarste en mooiste moment. Je moet tegen die brug op, het is daar opeens doodstil, even heb je het helemaal gehad. Maar dan draaf je omlaag, je maakt de draai naar First Avenue, je loopt op Manhattan en vanaf dat moment voel je alleen nog maar kippenvel.'

De indrukwekkendste editie was voor hem zonder twijfel die van 2001, een kleine twee maanden na de aanslagen op de Twin Towers. 'De beklemmende sfeer was bij de start haast tastbaar. Ground Zero smeulde nog en het was zelfs onzeker geweest of de marathon zou doorgaan. Overal op Manhattan rook je de brandlucht nog.

De tot ware volksheld uitgegroeide burgemeester Rudolph Giuliani hield een emotioneel betoog, waarin hij de vooraan startende brandweerlieden – die werden vergezeld door talloze familieleden en vrienden van overleden collega's – troost en kracht probeerde te geven. Wij als buitenlanders werden geroemd om onze moed om in deze barre tijden toch aan de start te verschijnen. Onder het motto "United we run" liepen we de marathon, aangemoedigd door een recordaantal toeschouwers die ons toejuichten alsof we zojuist van het front waren teruggekeerd. Een beetje spannend was het ook wel, vanwege allerlei geruchten over mogelijke nieuwe aanslagen. Op de Verrazano Bridge was het opvallend stil, in tegenstelling tot andere jaren. Nu wenst iedereen elkaar in de eerste kilometers luidkeels een goede race of wisselt strategieën uit, onder het als vanouds uit de luidsprekers schallende "New York New York". Het blijft een onwezenlijk beeld, telkens weer, die gemutileerde skyline van Manhattan, zeker als je die zo dikwijls in zijn oude staat hebt mogen aanschouwen. Hoewel het parkoers niet door downtown Manhattan gaat, blijft het zuidelijke puntje van het eiland toch een groot gedeelte van de race vanuit je linkerooghoek zichtbaar. "Het is als een foto van een gezin, waarop de ouders ontbreken" zei een collega-loper daar eens over in de *New York Times*.'

Nico Buitendijk (1962), managing partner Merx Crossover Agency
'New York 2007 werd mijn eerste grote marathon. Ik had eerder in Amsterdam gelopen, maar dat was meer een testloop. Ik liep daar ongewild zonder klok, omdat mijn sporthorloge er na vijftien kilometer mee ophield vanwege een lege batterij. Ik liep daardoor puur op mijn ge-

voel, met 3.22 als eindtijd. Dat was al een mooie ervaring. Voor New York had ik tussen de 3.20 en 3.30 uur in gedachten. Maar ik dacht ook: ik zie wel. Ik liep die ochtend in het knalgele Live Strong-shirt van de Lance Armstrong foundation, dat je met je startbewijs gratis bij de Nike-store kon ophalen. Je naam werd er ook nog op gestreken. Tien minuten na de start liep ik met duizenden mensen over de Verrazano Narrows Bridge en genoot van het adembenemende uitzicht over de Hudson, de strakblauwe lucht en een heerlijk koel briesje. Ik beleefde een vliegende start. De euforie liet de prikkende pijnscheuten in mijn achillespezen snel verdwijnen. Ik kreeg een loper met net zo'n shirt als ik in het vizier. Klein van stuk, type rugbyer, met THUNDER op zijn rug. We liepen als een team naast elkaar, de andere lopers in onze startsectie snel achter ons latend. Toen vroeg hij: "Are you from the Armstrong Foundation?" Ik zei nee. Hij liep mee met Lance. Hij vroeg naar mijn eindtijd. Ik zei het niet te weten. "Wat ga jij doen?" vroeg ik. "Sub three, 2.45," zei hij. Ik was verbaasd dat deze man naast mij liep. Ik zei: "You're not my league." Waarop hij reageerde met: "if you keep up this pace, you are." Hij keek me aan met een grote lach. Daarna liepen we de brug af, Brooklyn in. De serene sfeer hoog boven het brede water was ineens weg. Een lange straat in een oude wijk met honderd zijstraten, vol met klappende mensen en op elke hoek een orkest. Een opzwepend festijn dat alle energie in je naar boven haalt. De tijd was ineens geen issue meer, ik wilde genieten met volle teugen en rennen! Bij de tussenstops greep ik enkel een bekertje water en rende ik in extase door. Het twintigkilometerpunt passeerde ik na 1.28, veel te hard. Op de Queensboro Bridge, de steile overdekte brug naar Manhattan, net over de helft, liep mijn energie er ineens uit. Onder aan de brug, waar de lopers door duizenden mensen als oorlogshelden Manhattan werden binnengehaald, was ik compleet op. Met pijn aan beide zijden strompelde ik First Avenue op. Alles weg. De tegenstelling tussen de feestvreugde langs de weg en mijn eigen toestand kon niet groter zijn. Met man en macht sleepte ik me verder, nog vijftien kilometer te gaan. Ik was veel te vroeg kapot. In Harlem sprongen de tranen in mijn ogen bij een zwart koor dat me zingend aanmoedigde. Na veel trekken en sleuren finishte ik, toch nog voldaan, op 3.25. Een ervaring om nooit te vergeten.'

Johan van Dijk (1965), uitgever en voorzitter van de Centurions
'Van de negen marathons die ik heb gelopen, waren er zes in New York. De eerste was een doel op zich, de rest is me overkomen. Ik was een klassiek voorbeeld van een man van middelbare leeftijd, altijd heel sportief geleefd, maar nu met een ongezond leven: hard werken, te veel eten en drinken, sigaren roken en natuurlijk ook veel te zwaar. Ik ben iemand die op een gegeven moment een besluit neemt, en daar dan doelgericht en planmatig naartoe werkt. Ik weet het nog precies: op zondag 6 januari 2002 besloot ik tot een gezonder leven, en mijn doel werd de marathon van New York in datzelfde jaar. Als ik nou toch een marathon ga lopen, dan maar direct de mooiste, redeneerde ik, en dan zien we daarna wel verder. Ik liep die zondag exact 5,6 kilometer en was de rest van de dag helemaal stuk.

De eerste keer dat ik liep, in 2002 dus, was de mooiste: al die mensen die je het gevoel geven dat je een held bent, de emoties bij het passeren van de finish, het afzien in de Bronx, rond kilometer zesendertig. Ik herinner me smerissen in vetleren jassen, die bij de brug van Manhattan naar New York pseudodreigend riepen: "Now you're entering the Bronx, now you'll run for your life!"

Enkel de editie van 2007 heb ik sindsdien gemist. Steeds was er een toevallige reden om weer te gaan. Ik had een vriend met ernstige gezondheidsproblemen, waarbij na uitvoerig onderzoek de conclusie luidde dat er sprake was van stress. Met het advies om te gaan lopen bood ik aan hem te vergezellen op zijn eerste marathon, dat was de editie van 2003. De betreffende vriend is tegenwoordig topfit, en loopt me er met gemak uit. Een andere keer zou ik met een andere vriend gaan, die vanwege een blessure uiteindelijk helemaal niet liep. Maar ik dus wel. In 2009 is het Hudson-jaar en ook nog de veertigste editie, dus gaan we met een grote afvaardiging van de club. En zo zullen er altijd wel redenen blijven om de mooiste marathon die er is te lopen.'

Robert Schoemacher (1958), cosmetisch arts en directeur Perfect Age-kliniek
'In 1999 liep ik voor de tweede keer in New York. Het was ook mijn tweede marathon. We waren vertrokken met een groepje BN-ers, waaronder René Froger, Marc Klein Essink en prins Pieter-Christiaan (PC). Samen met PC liep ik wat voor die andere jongens uit, we wilden onder de vier uur uitkomen. Ergens halverwege voelde ik ineens een scherpe pijn in mijn rechteronderbeen. Ik dacht op dat moment aan een spierblessure. Op aanraden van Wim Verhoorn, de man die ons op de marathon had voorbereid, had ik wat pijnstillers bij me, Voltaren. Dus ik nam er eentje, en dat hielp wel even. Maar niet heel lang, dus toen moest ik er weer een slikken. Tot mijn voorraadje op was. Gelukkig had ook PC van die dingen bij zich, en

hij liet me ook al zijn pijnstillers opeten. Gelukkig bleef Pieter-Christiaan, die zijn eerste marathon liep, steeds bij me, dat scheelde wel. De laatste tien kilometer waren alle pillen op, en het leek wel alsof ik hallucineerde. In een rare trance, of misschien is de aanduiding trip wel beter, sleepte ik me naar de finish. PC heeft me zo'n beetje over de streep geduwd. We eindigden in 4.02...

Na de finish ben ik compleet ingestort. Er moest een arts bij komen in het hotel, en die schreef me morfine voor. Bij nader onderzoek bleek dat ik mijn scheenbeen, de tibia, had gebroken, een zeer zeldzame stressfractuur. Meestal zijn dat kleinere botten, bijvoorbeeld in de voet, maar heel soms kan dus ook een dik bot als je tibia spontaan breken.

Een tijd moest ik me daarna met krukken voortbewegen, en alles bij elkaar heb ik vijf maanden niet kunnen lopen. Achteraf was het slikken van die grote hoeveelheid pijnstillers natuurlijk niet echt verstandig. Je zou er ook nog een maagbloeding door kunnen krijgen bijvoorbeeld. Het herstel heeft ook veel langer geduurd dan wanneer ik "gewoon" was uitgestapt. Maar het willen uitlopen was te belangrijk, en de adrenaline waarmee dat gepaard gaat te krachtig.

In 2000 liep ik toch weer mee, en nu slaagde ik met 3.50 ruim in het streven onder de vier uur te eindigen.'

Jan Rijkenberg (1957), reclameman (BSUR)
'Beroepshalve ben ik gewend te schrijven. En ik hou van schrijven. Maar dichten behoort niet tot mijn meest beoefende schrijfstijlen. Voor het jaarlijkse Gala van de Centurions kregen wij als leden eens het verzoek onze loopervaringen in dichtvorm weer te geven. Dit inspireerde mij tot een gedicht over de New York City-marathon.'

New York 2000

De brug naar de Bronx
De massa vervlogen
Roest, staal en wind
Alleen en gebogen

Mijn voeten, één, twéé
Mijn dijen verstommen
Kom brein, loop mee
Jij was dit begonnen

Een banaan, een spons
Een zwakke high-five
De rug traag weer recht
Weg goddelijk lijf

Geluiden vervagen
De lucht donkert grijs
'Go Jan, only six more miles'
Mens, je bent niet wijs

10 Hugo van den Broek: 'Als ik een snelle tijd wil lopen moet ik niet te veel met de tijd bezig zijn'

Dat ik de halve marathon van Egmond de mooiste hardloopwedstrijd vind die korter is dan een marathon, is geen geheim. De afgelopen jaren ben ik steeds meer verknocht geraakt aan het bijzondere weekeinde dat zich begin januari langs de Noord-Hollandse kust afspeelt. Want er is nog veel meer dan een hardloopwedstrijd op zondag. Zo vindt er op de zaterdag sinds een aantal jaren een wedstrijd voor mountainbikers plaats, die zijn gelijke in Nederland niet kent. De lopers die ook van fietsen houden, en omgekeerd de fietsers die weleens willen lopen, kunnen zelfs deelnemen aan een combinatieklassement.

Op zaterdagavond bevinden veel van deze mensen zich in het plaatselijke hotel Zuiderduin. Ook veel van de toplopers en hun trainers logeren daar de avond voorafgaand aan de wedstrijd. Het heeft dan ook veel weg van een reünie, deze avond. Daartussen aanwezig zijn geeft een goed beeld van de meer dan collegiale omgang die de meeste lopers met elkaar hebben. Er wordt veel gelachen, men is geïnteresseerd in elkaar en niemand lijkt een ander iets te misgunnen.

Bij de editie van 2009 belandde ik tijdens het ontbijt op de zondagochtend aan een tafel waar ook de Nederlandse marathonloper Hugo van den Broek en zijn vriendin Hilda Kibet zaten. Hilda is op weg een wereldtopper op de marathon te worden, denk ik, niet als enige. Ze heeft sinds een aantal jaren de Nederlandse nationaliteit, maar het grootste deel van het jaar brengt het stel thans door in haar geboorteland Kenia, waar ze vlak bij Hilda's bekende familielid Lornah Kiplagat wonen, in het bij topatleten inmiddels befaamde Iten.

Hugo en Hilda zijn als veel andere topatleten: vriendelijke, rustige mensen die niet erg lang zijn en relatief weinig wegen. Maar wel veel eten, valt me op bij het ontbijt. We kletsen een beetje, onder meer over het officiële afscheid van Kamiel Maase, dat hier vandaag plaatsvindt. Er komen andere snelle Nederlandse lopers langs onze ontbijttafel om te overleggen hoe ze Kamiel, die hun jaren zijn wil oplegde, vanmiddag op passende wijze kunnen uitzwaaien. Het laat opnieuw zien hoe prettig de onderlinge contacten zijn. Ik vraag in een opwelling aan Hugo of hij het goedvindt dat ik een keer met hem kom praten over de overeenkomsten en verschillen tussen professionele en recreatieve hardlopers. Hij stemt onmiddellijk toe, en we maken een afspraak op een doordeweekse avond, ergens in maart. We spreken af in de Nederlandse woning van het hardloopechtpaar, een weinig opzienbarend rijtjeshuis in Castricum. Hilda Kibet is er niet, ze zit in Jordanië vanwege het WK cross (waar ze een verdienstelijke zesde plek bemachtigt). In deze omgeving is Hugo ook opgegroeid, en nog altijd traint hij er met veel plezier in de fraaie omgeving of op de schitterend gelegen baan van zijn club AV Castricum. Hij is op de avond van onze afspraak even in Nederland vanwege deelname aan de Venloop, een sterk bezette halve marathon in Venlo, waar hij zijn persoonlijk record op de halve marathon wil gaan aanvallen. Dat record, 1.03.43 (Schoorl, 2002) staat al veel te lang. Dat heeft alles te maken met ernstig en langdurig blessureleed dat hem de afgelopen jaren teisterde en hem tijdelijk ver terugwierp. Dat het record daar net niet sneuvelt is geen ramp, de tijden komen hoe dan ook weer dicht in de buurt van de bestaande persoonlijke records.

Hugo van den Broek (18 september 1976) is pas sinds een paar jaar voltijds professioneel loper. Hij studeerde bewegingswetenschappen en orthopedagogiek aan de vu, en rondde beide studies in 2000 af. Zoals de meeste hardlopers, en vrijwel iedere andere Nederlandse man, begon ook hij met voetballen. Toen op zijn dertiende het besef doordrong dat hij aanleg had voor hardlopen, stapte hij over op de atletiek. 'Om er goed in te worden en wedstrijden te winnen' voegt hij er onmiddellijk aan toe. 'Het genieten komt daarna pas.'

In 2001 maakt hij zijn debuut op de marathon. In die van Rotterdam, die dan tevens het Nederlands kampioenschap is, eindigt hij met een verdienstelijke tijd van 2.21.18 als tweede Nederlander. Tussen dit debuut en de marathon van Amsterdam in 2008, waar hij met een tijd van 2.13.51 de snelste Nederlandse marathonloper van dat jaar werd, liggen nog zeven andere marathons die hij voltooide. Zonder haperen noemt hij de tijden, waaronder zijn persoonlijk record van 2.12.08 (Amsterdam, 2004) en 2.17.25 op het Europees kampioenschap atletiek in Göteborg, 2006. Die laatste tijd is misschien niet zo opzienbarend, maar de verrassende bronzen medaille die het Nederlandse marathonteam mede daardoor bemachtigde, noemt hij wel als voorlopig hoogtepunt in zijn loopbaan. In de hal van zijn huis hangt een grote foto, waar Hugo en zijn teamgenoten trots kijkend voor geposeerd hebben. Dat hij met Luc Krotwaar, Kamiel Maase en Sander Schutgens die plak bemachtigde, was beslist van tevoren niet verwacht.

Als ik Hugo spreek heeft hij zichzelf voor 2009 ook ten doel gesteld om opnieuw met een team naar een groot kampioenschap te gaan, dit keer de wereldkampioenschappen die in Berlijn gehouden zullen worden. Enige tijd later wordt noodgedwongen van dit voornemen afgezien, omdat te veel van de mogelijke teamleden geblesseerd zijn en zich dus niet tijdig kunnen kwalificeren. Dat de onderlinge betrokkenheid groot is, blijkt ook uit een telefoongesprek dat Hugo als ik bij hem op bezoek ben, voert met Michel Butter, het grootste talent dat de Nederlandse wegatletiek momenteel heeft. De mannen spreken af om de volgende ochtend samen te trainen, iets wat vaker gebeurt. De mentaliteit is ook bij de toppers om elkaar te stimuleren en anderen hun succes te gunnen. Van naijver valt niets te bespeuren in huize Van den Broek. De enige landgenoot waar hij een paar kritische opmerkingen over loslaat moet in het stuk ook beslist niet genoemd worden, vraagt hij. Dat siert hem, vind ik.

Wat wel opvalt is dat er een zekere spanning waarneembaar is tussen de emotieloper en de zakelijke loper: aan de ene kant wil hij eerst en vooral mooie ervaringen opdoen en is hij bereid daar offers voor te brengen. 'Dat ik met het oog op het wereldkampioenschap in 2009 geen voorjaarsmarathon loop kost me geld', en 'Als ik veertig ben ga ik mijn ervaringen tellen'. Aan de andere kant zoekt hij weloverwogen naar wedstrijden die hem duidelijk iets opleveren, en niet per se naar de mogelijkheid een persoonlijk record aan te vallen. De onvermijdelijke vraag waarom hij de marathon van New York nog nooit heeft gelopen wordt ook beantwoord met zakelijke argumenten: er is weinig te verdienen, het heeft weinig publicitaire waarde om daar ergens rond plaats vijftien te eindigen en in dezelfde periode zijn er andere marathons die verdiensten opleveren en, bij een goede prestatie, prettige publiciteit voor zijn sponsor (Runners TV). Als sluiproute naar de olympische marathon van 2012, in Londen, heeft hij New York echter wel in zijn hoofd. 'Om je voor Londen te kwalificeren heb je een onwaarschijnlijk snelle tijd nodig, of je moet in zo'n topmarathon bij de eerste tien eindigen. Het is allebei moeilijk, maar het laatste is waarschijnlijk het minst lastig.'

Een ander belangrijk doel dat Van den Broek zichzelf heeft gesteld is deelname aan het Europees kampioenschap in 2010, in Barcelona. Het lijkt mij typerend voor Hugo dat hij zijn plannen lang van tevoren al maakt, en er zeer goed over nadenkt. Zijn trainer, Gerard van Lent, mag meedenken over de samenstelling van de wedstrijdkalender, en soms komen er suggesties van manager Pieter Langenhorst, die dan vaak met aantrekkelijke financien van doen hebben. Maar overduidelijk is dat hij tenslotte zelf beslist.

In de loop van ons gesprek, dat uiteindelijk zo laat eindigt dat ik me afvraag of het nog wel gezond is voor een topsporter (drank en drugs worden er niet gebruikt), valt me op dat veel van de opvattingen die Hugo over het lopen heeft niet verschillen van die van een recreant als ik. Soms gaat het daarbij om algemeenheden als 'Elke hardloper wil zichzelf verbeteren', maar ook wel verrassende: 'Ik loop liever een persoonlijk record dan dat ik de snelste van de wedstrijd ben.' Ook de gewoonte om van alles en nog wat te registreren over zijn trainingen komt me bekend voor. 'Kilometerneuroot' noemt Hugo het treffend. Toch is hij door zijn contacten met Keniaanse lopers wel enigszins veranderd. Zo hebben zij hem geleerd om meer naar zijn gevoel te luisteren: 'Als je je vandaag niet goed voelt, dan doe je gewoon wat minder. De volgende dag ben je dan juist weer beter.' Ook de Keniaanse gewoonte om in geval van klachten echt heel rustig te joggen, maar niet helemaal niks te doen, spreekt hem aan. 'Tijden van zes of zeven minuten per kilometer zijn onvoorstelbaar traag voor dat soort snelle mannen, maar het lijkt wel te werken.'

Dat hij drie jaar achillespeesellende achter de rug heeft weigert hij af te doen als pech. 'Als je klachten verwaarloost, ze niet wil voelen, en maar gewoon hard doorgaat, dan vraag je om moeilijkheden.' Het lijkt me nog een wijze boodschap die ook voor enthousiaste recreanten geldt.

Hoe komt het eigenlijk dat die Kenianen zo goed zijn? Ook Hugo van den Broek heeft er geen eenduidig antwoord op. 'Ongetwijfeld heeft het met genetische aanleg te maken, maar dat is zeker niet het enige. De hoogte helpt, en het trainen in de warmte. Maar ook de competitie en de toewijding: ze trainen en slapen, dat is het wel zo ongeveer.' Er zijn in Nederland niet veel hardlopers die zo veel trainen als Hugo van den Broek, die gewend is om trainingsweken te maken van 150 tot 170 kilometer, en in de voorbereiding naar een marathon ook wel eens tweehonderd kilometer. De meeste Kenianen halen ook voor een marathon zelden meer dan 170 kilometer.

En dan is er nog het karakter: Hugo omschrijft zichzelf als een perfectionist, die zo veel mogelijk planmatig te werk gaat. Zijn Keniaanse partner is vrij chaotisch en ook een stuk voorzichtiger. Maar Hilda Kibet is wel een wereldtopper. Of dit soort verschillen met cultuur of geslacht samenhangen en welke stijl het voordeligst is, is ook Hugo niet duidelijk.

En dan de verschillen tussen de full-prof en de liefhebber. Die zijn toch ook niet gering, en verrassen me behoorlijk. Het meest imposant vind ik de concentratie die Van den Broek beschrijft. Hoe hij zich volledig op de wedstrijd fixeert, en alles daaromheen uitbant. 'In een succesvolle wedstrijd als de Amsterdam-marathon van 2008 verdwijn ik na een paar kilometer als het ware, om er pas tegen het einde weer uit te komen. Ik hoor de aanmoedigingen van het publiek ergens wel, maar heb geen echt contact met de toeschouwers. Ik concentreer me op mijn lichaam, op de techniek, maar verder is mijn hoofd leeg. Veranderingen van tempo gaan enkel op gevoel. Als je goed geconcentreerd bent zie je minder af, en verminderde concentratie vertaalt zich vrijwel altijd in een minder goede prestatie, lees: slechtere tijd. Het enige nadeel van de optimale concentratie betreft het herstel: als je goed geconcentreerd bent, ben je in staat om optimaal te presteren, maar je laat je lichaam wel tot het uiterste gaan en het herstel na afloop duurt daardoor ook langer.'

In zijn jonge jaren consulteerde Hugo weleens een sportpsycholoog om beter te leren focussen, nu is dat niet eens meer een bewust proces. 'Ik probeer iedere wedstrijd te benaderen als een soort standaardsituatie, en daar zit waarschijnlijk wel een verschil met de recreatieve loper. Op zichzelf zou die dezelfde aanpak als ik kunnen hanteren, maar dat gebeurt vrij weinig.'

Het meest onthullend vind ik het totale gebrek aan aandacht voor de tijd, onderweg. 'Als ik een snelle tijd wil lopen, moet ik niet te veel met de tijd bezig zijn. Het is net zoiets als een jongen die naarstig op zoek is naar een vriendinnetje: om iets met een leuk meisje te krijgen moet je er niet te veel mee bezig zijn.'

Van Hugo van den Broek kan je ook als niet-loper iets opsteken...

Enkele maanden na ons gesprek, ergens in juni, fiets ik door het duingebied bij Castricum, op weg naar mijn werk. Op een klein paadje, haaks op het fietspad, zie ik twee hardlopers. Een blanke man en een donkere vrouw. Dat kunnen alleen maar Hugo en Hilda zijn, schiet er door mijn hoofd, en dat blijkt te kloppen. Terwijl mijn werkdag nog moet beginnen, zijn zij samen al lekker aan de slag. Mijn hobby, hun beroep. Het p.r. op de halve marathon is nog steeds niet verbeterd, vertelt Hugo. Door omstandigheden bleef hij er enkele dagen geleden in Zwolle weer net boven. We staan even te praten, en ik voel me lichtelijk bezwaard dat ik ze ophoud. Na een paar minuten gaan we ieder onze eigen weg weer. Ik naar de verwarde medemens, Hugo en Hilda naar nieuwe toptijden.

11 Olympische marathon

Mensen die zelf niet hardlopen, zullen niet snel de rechtstreekse uitzending van een complete marathon gaan bekijken. En zeker niet om half twee 's nachts. Ik wel, het is ook nog eens de olympische marathon, zo vaak wordt die niet gelopen. En ik ben een echte liefhebber, die moeiteloos ruim twee uur gefascineerd naar het verslag van een marathon kan kijken. Het schijnt zelfs zo te zijn dat geconcentreerd kijken naar hardlopen je eigen hardloopprestaties kan verbeteren. In ieder geval is aangetoond dat de delen van de hersenen die met bewegen van doen hebben, worden geactiveerd door naar bewegen te kijken. Eigenlijk doe ik dus een speciale training, vannacht.

Gebrselassie doet niet mee, helaas. Hij mikt op 2012, in Londen, omdat hij de atmosfeer in Beijing te bedompt vindt. Eigenlijk zou ieder weldenkend mens dat moeten vinden, maar bij de keuze van de steden die de spelen mogen organiseren is klimaat nooit een factor van belang geweest.

Wie er gaat winnen is op voorhand moeilijk te voorspellen, een gedoodverfde favoriet ontbreekt. Een Keniaan heeft vreemd genoeg nog nooit de olympische titel op de marathon veroverd, misschien wordt dit de primeur? Of er wint toch weer zo'n typische Italiaanse toernooiloper, waarvan we er in de loop der tijd heel wat hebben gehad. De enige Nederlandse deelnemer is Kamiel Maase, al jaren de beste langeafstandsloper die we hebben. Mijn column over sport, die ik een tijdje schreef voor het weekblad *Revu*, heb ik voor deze gelegenheid omgezet in een open brief aan Maase. De tekst luidde als volgt:

Beste Kamiel Maase,

Je start dit weekeinde op de marathon, het mooiste nummer van de Olympische Spelen. Olympischer dan de marathon bestaat volgens mij niet...

Je bent, met alle respect, in de nadagen van een lange carrière. Veel Nederlandse atleten die drie keer aan de Spelen deelnamen zijn er ook niet geweest. Vaak was je de snelste blanke, te midden van Afrikaanse natuurtalenten. Je hebt het oude nationale record van Gerard Nijboer, de grootste Nederlandse marathonloper aller tijden, twee keer verbeterd. Kortom: je hoeft je nergens voor te schamen.

Daarnaast heb je een vak geleerd [Maase is afgestudeerd in de biochemie, BB], en zul je ongetwijfeld ook maatschappelijk slagen.

In Beijing behoor je niet tot de favorieten. Als je achtste of negende wordt, vindt iedereen dat een prima prestatie. En misschien ben je daar zelf ook tevreden mee. Wellicht is de strategie er zelfs op gericht om na een bekeken race vanuit het achterveld naar een toptienklassering te snellen.

Toch smeek ik je: doe het niet zo, doe het anders! Speel alles of niets. Loop mee vooraan en sterf desnoods elf kilometer voor het einde, maar wel in de kopgroep. Strijd voorin mee, en nergens anders. Kluister ons aan de buis.

Weet je eigenlijk wel dat je kunt winnen? Je hoeft er alleen maar in te geloven. Dit zijn de feiten: vier jaar geleden, in de Griekse warmte, won de Italiaan Baldini in

2.10.55. Jouw Nederlandse record is tweeënhalve minuut sneller. Dat tijdsverschil kun je toeschrijven aan de omstandigheden. En wist je dat de gemiddelde persoonlijke toptijd van de eerste acht finishers in Athene 2004 op 2.08.42 lag, dus bijna een halve minuut boven jouw persoonlijke record van 2.08.21? En in 1996 en 2000 was het niet veel anders...

Op de olympische marathon heerst geen Gebrselassie, Tergat of andere laagvliegende Keniaan. Daar kan, zoals in 2004, een volstrekt onbekende Braziliaan (Vanderlei de Lima heette hij) het grootste deel van de wedstrijd op kop lopen (je weet vast nog dat hij als koploper werd aangevallen door een gestoorde toeschouwer, maar uiteindelijk toch fraai derde werd).

Dat kan jij ook. Om groots te winnen hoef je enkel bereid te zijn om groots te verliezen. Doe wat je nog nooit gedaan heb: denk niet na, en ga blind mee met de kopgroep van de wedstrijd. Vervolgens zie je wel waar het schip strandt. De dood of de gladiolen, maar hoe dan ook een held!

Kamiel zal het niet hebben gelezen, omdat hij op hoogtestage was of in zo'n speciale tent om dat na te bootsen. En als hij het wel zou hebben gelezen, zou hij hoofdschuddend hebben gedacht: 'Wat een absurd idee, geen sprake van dat ik volle bak vertrek met de koplopers.' Ik vrees dat ik hem de komende twee uur weinig in beeld krijg. En ik ben zeer benieuwd wat ik wel ga zien. Als een opgewonden schooljongen schuif ik heen en weer op de bank, geen enkele behoefte om te slapen.

Daar gaan ze. Na amper vier minuten noteren we al de eerste uitvaller, een man uit de Oekraïne, die last van een liesblessure lijkt te hebben. Bij 23 graden Celsius heb je weinig warming-up nodig, dus het zal wel om oud zeer gaan. Maar als je al zo snel moet afhaken met een blessure, had je natuurlijk beter niet kunnen starten.

Na amper zes minuten komt Maase al in beeld, omdat hij de eerste grote groep laat gaan. Hij heeft dus toch weer gekozen voor de tactiek van de geleidelijke opmars van achteruit. Er wordt hard gelopen, direct vanaf de start, is mijn inschatting. Helemaal geen tactische race. De kopgroep dunt in ieder geval direct vanaf het begin steeds verder uit. De eerste vijf kilometer worden binnen een kwartier afgelegd, en op die manier gaat men naar een eindtijd van 2.06. Dat is een onmogelijke tijd in deze omstandigheden, lijkt me. Ook nog eens omdat er in deze wedstrijd geen hazen meelopen, een aantrekkelijk verschil met de geregisseerde grote stadsmarathons, waar de eindtijd belangrijker is dan de winnaar. Maase zie ik helemaal niet meer, ook niet als er achterblijvers in beeld komen. Ik heb het idee dat hij zijn ambities om hoog te eindigen nu al kan laten vallen. De Nederlandse commentator meldt dat hij met een achterstand van ruim een minuut als achtentachtigste doorkwam... De kampioen van vier jaar geleden heeft overigens ook al besloten om de razendsnel gestarte Afrikanen maar te laten gaan. Baldini loopt weliswaar voor Maase, maar een positie als ongeveer zestigste in dit veld stemt me bepaald niet optimistisch over zijn medaillekansen.

Ondertussen krijg ik de indruk dat meedoen ook nog steeds belangrijk is in deze wedstrijd: een weinig atletisch ogende man uit Lesotho komt uitvoerig in beeld, en even later een atleet uit Mongolië. Het wekt geen verbazing dat ook zij al snel het contact met de kopgroep hebben verloren.

We zijn ondertussen ruim twintig minuten onderweg,

en de kopgroep bestaat uit nog slechts acht lopers. Vol gas is blijkbaar het tactische devies. Onder de afhakers ook nu al grote namen. Er loopt nog wel een Spanjaard in de kopgroep, maar hij oogt nu al behoorlijk vermoeid, en moet straks vast lossen. Martinez heet hij, geen naam die mij iets zegt in hardloopverband. Maase heeft waarschijnlijk toch verstandig gehandeld door niet geforceerd mee te gaan. En als het zo doorgaat komt er een winnende tijd die hij van zijn levensdagen niet kan lopen. Over de eerste tien kilometer noteren de voorste lopers 29.25, onvoorstelbaar!

De bekende Zuid-Afrikaanse marathonloper Ramalaa, een voormalig winnaar van de New York-marathon en een niet onbelangrijke outsider, passeert het tienkilometerpunt als eenentwintigste, op duidelijke achterstand.

Men dendert over het Plein van de Hemelse Vrede, een onwerkelijk decor. Een plukje hardlopers dat onder het portret van Mao door loopt, op een zonovergoten plein, dat vrijwel leeg is. Niets herinnert aan de historische studentenopstand die hier ooit plaatsvond. Maase heeft na tien kilometer al bijna drie minuten achterstand, hij loopt nu in tweeëntachtigste positie. Hoe zal hij zich voelen? Geniet hij van de omgeving, denkt hij aan het einde van zijn loopbaan, of vervloekt hij de mannen die de wedstrijd nu al hebben doen ontploffen?

De Spanjaard, die nog de snelste was na tien kilometer, is volgens verwachting verdwenen uit de kopgroep. Ondanks het moordende tempo zijn er twee achtervolgers bij gekomen. Twee mannen uit Eritrea lopen op het oog ontspannen op kop. Martinez, de Spanjaard, komt nog een keer terug, naar het lijkt op zijn tandvlees. Wat gaan deze mannen hard, rillingen van bewondering lopen over mijn rug.

Op vijftien kilometer komen tien koplopers door in 44.36. Gelukkig is deze vijf kilometer in een tempo gegaan dat enigszins past bij de omstandigheden. Ineens duikt de vraag in mijn hoofd op, die ik vooral ken van het kijken naar de Tour de France: wie loopt hier op enkel training en een uitgebalanceerde leefstijl? Er worden weinig marathonlopers betrapt, maar ik ben er niet zeker van of dat het gevolg is van minder gebruik dan in het wielrennen. In ieder geval lijken me bij die laatste sport de controles veel strenger, en wordt er ook meer gecontroleerd. Of is het simpel een kwestie van geld? Hoe meer er in een sport te verdienen valt, hoe groter de kans dat de deelnemers ook naar illegale middelen grijpen om de hoofdprijs te bemachtigen. De bekendste Nederlandse atleet die de laatste jaren in het nieuws kwam vanwege mogelijk dopinggebruik, was de steepleloper Simon Vroemen, een man die niet echt populair is bij collega-atleten. Vanwege zijn karakter, of omdat hij het naïeve geloof heeft ondermijnd dat onze hardlopers nooit iets slikken wat verboden is?

De Deense wielrenner Bjarne Riis was tot hij epo ging gebruiken een modale wielerprof. Maar omdat hij er niet voor terugdeinsde zijn hematocriet, het percentage rode bloedlichaampjes, tot wel zestig procent te laten oplopen, won hij zelfs een keer de Tour. Het daardoor enorm toegenomen vermogen om zuurstof naar de spieren te transporteren maakte 'Monsieur Soixante Pourcent', zoals zijn bijnaam in het peloton luidde, beroemd en rijk. Er zijn zelfs geruchten dat hij met een hematocriet van vierenzestig procent heeft rondgereden. Zou Kamiel Maase met zo veel rode bloedlichaampjes de olympische marathon van Beijing kunnen winnen? Hij lijkt me niet het type dat doping gebruikt, ook niet als hij daarmee zijn lange loopbaan van een fraai slotakkoord zou kunnen voorzien. Hij ging tenslotte ook niet met de kopgroep mee...

De kopgroep wordt geleidelijk kleiner, en de dappere Spanjaard heeft nu definitief gelost. Die zien we niet meer terug. Ook de Marokkaan Goumri, tweevoudig wereldkampioen, laat de koplopers gaan, maar in tegenstelling tot Martinez, lijkt dit me een weloverwogen keuze. Maase is nu negenenzestigste, en lijkt begonnen aan een bescheiden opmars vanuit de verste achterhoede.

Ook bij de koplopers wordt nu zichtbaarder dat de omstandigheden zwaar zijn. Op steeds meer gezichten verschijnt een grimas, en de hoeveelheid zweet op de lichamen neemt toe. Vijf man nog in een groepje aan de leiding, terwijl we nog niet eens een uur onderweg zijn. De lopers gaan onder een douche door die de organisatie langs het parkoers heeft geplaatst. Van de drie Kenianen, geen enkel land mag meer dan drie deelnemers inschrijven, is de eerste ook afgehaakt aan de kop van de wedstrijd. Maar met twee man bij de eerste vijf zijn de kansen op een eerste olympische overwinning op de marathon momenteel niet slecht.

Van de vooraf gevreesde smog is op de televisie niets waarneembaar. Zou Gebrselassie hier nu echt kansloos zijn geweest? Ik kan het me niet voorstellen. De commentator meldt dat hij na zijn tien kilometer, waarin hij het erepodium duidelijk misliep, direct weer vertrokken is vanuit Beijing. Hij gaat zich voorbereiden op de marathon van Berlijn, eind september. Als hij daar zijn eigen wereldrecord kan aanscherpen, verdient hij in ieder geval meer geld dan met een olympische titel...

Twintig kilometer in 59.10! Als je met dit soort tussentijden vooruitrekent eindigt men in 2.05, dat kan toch niet in deze omstandigheden? Martinez geeft hier al meer dan een minuut toe. Misschien besluit hij zo dadelijk om maar uit te stappen, zodat hij in het najaar nog wat starten prijzengeld kan gaan verdienen in een grote marathon...

Halverwege: 1.02.34. Met dit soort tijden kun je in Nederlandse wedstrijden over een halve marathon aardig verdienen. In de vijf man sterke kopgroep roffelen de benen in een hoge frequentie over het asfalt. Langs de kant joelen de Chinezen.

Na 25 kilometer staat de klok op 1.13.58. Als je een eindtijd van in de 2.06 wilt lopen heb je nu al meer dan een minuut voorsprong op dat schema. Er is dus geen enkel verval in de kopgroep, en de achterstand van de achtervolgers groeit alleen maar. Van een achtervolgende groep is trouwens geen sprake, de mannen gaan als eenlingen over het parkoers. Een Zwitser, Röthlin, die als tiende doorkomt op het vijfentwintigkilometerpunt, legt al bijna twee minuten toe op de koplopers. In elfde en vijftiende positie lopen Amerikanen. Ervan uitgaande dat de westerse lopers meer met hun verstand lopen, is het wellicht nog denkbaar dat ze de komende zeventien kilometer hun positie in het veld nog wat verbeteren. Maar winnen lijkt nu al uitgesloten. De regerend kampioen Baldini is slechts dertigste en gaat zeker zijn titel niet prolongeren. Maase is nu zesenvijftigste, in 1.21.04. Als je die ruim zeven minuten achterstand omrekent naar afstand ligt hij al bijna tweeënhalve kilometer achter.

Volgens de televisieverslaggever laat de trainer van Maase weten dat alles volgens plan verloopt, en dat het waanzinnige tempo van de kopgroep niet zonder gevolgen kan blijven. Voor mij is onduidelijk voor wie die gevolgen dan zullen zijn. De derde Keniaan, Luke Kibet, staakt ondertussen de strijd, op het oog omdat hij kramp heeft. In de kopgroep lijken verschillen te ontstaan: de man uit Eritrea, Merga, die steeds al het meeste kopwerk deed, lijkt te versnellen, en slechts een Keniaan, Wanjiru, kan hem nog volgen. Martin Lel, de bekendste loper uit de kopgroep en bij velen favoriet voor de eindzege, raakt achterop. Hij loopt nu op de vierde plek. Na de 'langzaamste' vijf kilometers tot nu toe, 15.16 om precies te zijn, staat de klok voor de eerste lopers bij dertig kilometer op 1.29.14 stil.

De Marokkaan Gharib komt terug bij de twee koplopers, Merga en Wanjiru. Lel gaat helemaal dood: drie keer Londen winnen en twee keer New York, daaraan heb je nu dus niets. De Zwitser schuift een paar plekken op en ligt nu achtste. Goumri heeft zich beslist niet strategisch laten terugzakken, blijkt nu, want hij verdwijnt helemaal uit beeld. Baldini is ondertussen zeventiende, en volgens de commentator goed bezig. Kan wel zijn, maar in dit tempo is de winnaar over iets meer dan een half uur bekend, en in die tijd zie ik hem niet nog minstens veertien plekken oprukken om alsnog een medaille te veroveren. Maase is achtenveertigste na dertig kilometer, op 8.32. De temperatuur is ondertussen opgelopen naar zo'n 28 graden.

De drie mannen aan de leiding noteren 1.44.37 na 35 kilometer, en er is dus wel sprake van enig verval ondertussen. Gelukkig maar, zou ik haast zeggen. De medailles lijken door hen onderling verdeeld te mogen worden, want de nummers vier en vijf in de wedstrijd leveren al anderhalve minuut in. Na een uur en negenenveertig minuten versnelt Wanjiru. Gharib, die al geruime tijd de indruk wekt dat hij vreselijk moet zwoegen, kan nog enigszins volgen. Merga, de atleet uit Eritrea, stort ineens volkomen in. Opnieuw wordt duidelijk dat een marathon pas ver na de dertigste kilometer echt begint, ook voor de wereldtop... Wanjiru slaat nu ook een gaatje naar Gharib, die overduidelijk vreselijk afziet, maar met een klein kwartier te gaan wel op koers ligt voor zilver. Daar had hij vooraf voor getekend, lijkt me. Merga ligt nog wel derde, maar heeft al vijfenveertig seconden achterstand.

De tijd van kilometer vijfendertig naar kilometer veertig is door de versnelling van Wanjiru toch weer wat sneller dan die over de vijf kilometers daarvoor. Hij passeert na veertig kilometer in 1.59.54. Gharib ligt nog altijd niet meer dan achttien seconden achter, maar uiterlijk is er sprake van een duidelijk contrast. Wanjiru lijkt nog steeds amper te lijden en ook nog wel wat harder te kunnen, als dat vereist is voor de overwinning. Gharib is kapot en wekt de indruk vooral niet verder achter te willen raken. Tot een inhaalpoging is hij duidelijk niet meer in staat. Wanjiru loopt met spreekwoordelijke soevereiniteit naar de finishlijn in het olympisch stadion. De eenentwintigjarige Keniaan finisht in een olympisch record van 2.06.32. Gharib wordt tweede in een vooraf niet verwachte 2.07.16. De verrassende nummer drie is Kebede, die 2.10.00 noteert. Merga is dus toch de plak misgelopen, die ik na 35 kilometer al aan hem toeschreef. De Spanjaard Martinez wordt uiteindelijk zestiende in 2.14.00, dus zevenenhalve minuut achter winnaar Wanjiru. Goumri is twintigste op 8.28, dat is exact twee uur en een kwartier.

Kamiel Maase die dertiende was in de olympische marathon van Sydney, acht jaar geleden, wordt roemloos negenendertigste op 13.58. We krijgen zijn finish nog in beeld, hij maakt niet bepaald een uitgewoonde indruk. Erg vrolijk kijkt hij ook niet.

Ik zet de televisie uit en kruip mijn bed in, tot over mijn oren gemotiveerd om de komende weken keihard te gaan trainen. Niets is zo bevredigend als zelf een marathon voltooien, maar op een tijdstip dat bijna iedereen in ons land ligt te slapen getuige zijn van zo'n fenomenale race over tweeënveertig kilometer doet daar niet eens zo heel veel voor onder. In een wedstrijd met hazen, bij normale weersomstandigheden voor een marathon, was Wanjiru vandaag heel dicht in de buurt van het wereldrecord gekomen, denk ik. Jammer dat men zich in de toekomst waarschijnlijk niet meer herinnert hoe verschrikkelijk goed die Keniaan was, op de dag dat hij zijn land het eerste marathongoud in de historie bezorgde.

Naschrift: Haile Gebrselassie verbeterde in Berlijn inderdaad zijn eigen wereldrecord. Wanjiru liep in april 2009 de marathon van Londen. Lange tijd liep hij ruim onder het schema van het wereldrecord, maar kwam daar uiteindelijk niet aan. Wel pakte hij de overwinning, en scherpte hij zijn persoonlijke toptijd aan tot 2.05.10. De kans dat Haile hem over drie jaar in Londen weet te verslaan lijkt me niet groot. Kamiel Maase nam in januari 2009 afscheid van de wedstrijdsport bij de halve van Egmond. Hij gaat voor NOC/NSF werken, iets met wetenschap.

12 Oost-Afrikanen

Het lopen van lange afstanden is wereldwijd populair. In de vele duizenden marathons die er worden georganiseerd lopen miljoenen mensen mee; ik vraag me weleens af hoeveel bewoners van onze planeet inmiddels een marathon hebben gelopen. Het moeten er miljoenen zijn. Als je uitgaat van een bescheiden schatting van 0,1% van de wereldbevolking, nu om en nabij zeven miljard, dan zit je op zeven miljoen marathonlopers.

In een grote marathon als die van Londen, Berlijn of New York ligt de gemiddelde eindtijd van alle deelnemers bij elkaar op iets meer dan vier uur. Bijvoorbeeld: in de New York-marathon van 2008 finishten net iets meer dan 38.000 deelnemers. Nummer 19.000 in de einduitslag had er dus evenveel voor als achter zich op de finishlijn, in statistische termen heet dit de mediaan. Haar tijd (voor degenen die het precies willen weten: het was de tweeenveertigjarige Française Veronique Charlon) was 4.19.04. Berlijn 2008, op een veel sneller parkoers, kende 35.746 deelnemers die officieel de finish haalden. Nummer 17.873 was hier dus theoretisch de gemiddelde loper. Bij het zoeken van de eindtijd kom ik erachter dat 17.872 ex aequo wordt bezet door twee Duitse mannen, en dat 17.873 daarom niet bestaat... De eindtijd van het duo op de plek ervoor was 4.02.21; een stuk sneller dan in New York, maar nog steeds boven de vier uur.

Nu is het overigens niet zo dat de marathon van New York de gemiddelde loper ongeveer zeventien minuten meer tijd kost: de maximale tijd die je over een bepaalde marathon mag doen is van zeer grote invloed. In New York noteerde de laatste finisher in 2008 een officiële eindtijd van zeven uur en 45 minuten, in Berlijn datzelfde jaar kwam de laatste man in de einduitslag na zes uur en 58 minuten binnen.

Met een eindtijd rond de drie uur behoor je meestal bij de beste vijf procent van het deelnemersveld. De meeste hardlopers kennen nog wel iemand die dit soort tijden loopt. Maar als je je moet proberen voor te stellen dat er mannen bestaan die nog bijna een uur sneller zijn... Nog altijd zie ik dan een soort buitenaardse wezens voor me, mensen die met twintig kilometer per uur gemiddeld ruim tweeënveertig kilometer hardlopen. Ook de geleerden die zich met het menselijk lichaam bezighouden worden sterk geprikkeld door de vraag hoe dit kan. Bewegingswetenschappers, fysiologen, biologen en zelfs natuurkundigen hebben er theorieën over ontworpen.

De theorievorming begint vaak bij het gegeven dat de absolute top in de marathon vooral wordt gevormd door Kenianen en Ethiopiërs. Er moet iets zijn wat hen onderscheidt van de blanken en de Aziaten, speculeert men. Ook andere donkere lopers als de Amerikaanse negers en de mensen uit het Caribische gebied blinken niet uit op de marathon. En waarom zijn laatstgenoemde groepen zo succesvol op de korte afstanden op de baan, waar nooit een Keniaanse of Ethiopische sprinter meestrijdt om olympisch eremetaal?

Kan een Keniaan ooit wereldkampioen op de honderd meter sprint worden? En zou de zoon van de Jamaicaanse sprinter Usain Bolt ooit een marathon kunnen voltooien in twee uur en zes minuten?

Al jaren lees ik artikelen waarin gezocht wordt naar een verklaring voor het feit dat de overgrote meerderheid van de snelste marathonlopers aller tijden uit Oost-Afrika komt. Het zijn vrijwel zonder uitzondering interessante verhalen die gaan over typen spiervezel, melkzuur, kuitomvang en leven en trainen op een paar duizend meter boven zeeniveau. In de meeste verklaringsmodellen schuilt ook wel een kern van waarheid, maar het probleem is en blijft dat dé exclusieve factor, die echt het verschil maakt, vooralsnog niet is gevonden tijdens deze zoektocht. En het is zelfs maar de vraag of dit ooit gaat geschieden...

Het zoeken naar een wetenschappelijke verklaring voor een op zichzelf interessant gegeven is een typisch westerse bezigheid. Ik weet het niet zeker, maar heb het sterke vermoeden dat men aan de universiteit van Nairobi niet bezig is om te onderzoeken wat een topvoetballer onderscheidt van een goedwillende, maar beperkte amateur. Net als het lopen van marathons is voetbal over de hele planeet populair. Maar van dominantie van een bepaald ras lijkt in het voetbal geen sprake. Sterker nog: hoe populairder de sport wordt, hoe meer de nivellering toeslaat. Landen als Zuid-Korea, Australië en de Verenigde Staten doen de laatste jaren steeds serieuzer mee, en het hele continent Afrika is in opkomst. Het zou kunnen zijn dat voetbal op zo veel uiteenlopende talenten is gebaseerd, dat daardoor geen enkel land er meer bovenuit steekt. Alleen hard kunnen schieten is onvoldoende, net als een grote bereidheid om individuele belangen ondergeschikt te maken aan het teambelang bijvoorbeeld.

Is hardlopen dan domweg een simpele bezigheid, in vergelijking met een balsport in teamverband? Wellicht dat de complexiteit minder groot is, maar nog altijd zijn er vele variabelen die bepalend zijn voor de topprestaties, zoals techniek, uithoudingsvermogen en tactisch inzicht.

Dat de wereldtop op de marathon uit een relatief klein gebied afkomstig is, en daarmee sterk verschilt van het voetbal heeft naar mijn idee dan ook veel meer te maken met de populariteit van de topsport. Over de hele wereld willen jongetjes even goed worden als Messi op het moment dat ze tegen een bal beginnen te trappen. Maar welk kind dat een stukje hardloopt fantaseert dat hij in de voetsporen van Gebrselassie zal treden? Het lopen van marathons is wereldwijd populair als recreatieve bezigheid, niet als topsport. In ons eigen land zie je dat bijvoorbeeld duidelijk terug in het steeds smaller worden van de nationale top. Het aantal recreatieve hardlopers blijft ondertussen gestaag groeien. Mensen gaan voor een goed gevoel hardlopen, niet om zich te kwalificeren voor de Olympische Spelen van 2016 of 2020.

Marathonlopen op topniveau kun je het beste vergelijken met schaatsen: in een klein deel van de wereld behoort het tot het cultuurgoed, daarbuiten is het een bezigheid voor eenlingen.

Waarom Sven Kramer zo hard kan schaatsen wordt misschien ook onderzocht, maar niet op het niveau van zijn erfelijke achtergrond. Sterker nog: als hardlopers uit Kenia van nature meer aanleg hebben voor de marathon, dan zou dat eigenlijk ook voor het schaatsen van vijf of tien kilometer moeten gelden. Dat is immers ook een individuele sport waarbij technische vaardigheden, duurvermogen en tactiek de belangrijkste pijlers zijn.

Dat Oost-Afrikanen de internationale topmarathons domineren is eerst en vooral het gevolg van hun culturele achtergrond: als je in het levensonderhoud van een gezin moet voorzien kun je best proberen van hardlopen je beroep te maken. Je hoeft niet eens tot de nationale top te behoren om in het rijke Westen bij allerlei wedstrijden flink wat geld te verdienen. Hoe meer mensen deze redenering volgen, hoe harder de competitie wordt, en hoe hoger het niveau. Dat is de belangrijkste verklaring voor het succes van de Oost-Afrikaanse hardlopers. De Nederlandse schaatsers hebben het onderhoud van een gezin meestal niet als motief, maar omdat het schaatsen hier zo populair is zie je ook in deze sport de competitie steeds verder toenemen, en het niveau daarmee eveneens.

13 Tim Krabbé, sportschrijver

In mei 1978 verscheen de eerste druk van *De renner* van Tim Krabbé, het inmiddels legendarische fietsboek van de auteur, die zelf een verdienstelijk amateurwielrenner was. In feite is hij dat nog steeds: na jarenlang amper te hebben gefietst, besloot hij na zijn zestigste verjaardag aan zijn tweede wielerleven te beginnen. Ondertussen is hij pensioengerechtigd, maar nog steeds fietst hij in de wedstrijden van zijn leeftijdsklasse met de besten mee.

Ruim dertig jaar na verschijnen heeft *De renner* nog niets aan betekenis verloren. Er zijn inmiddels meer dan tweehonderdduizend exemplaren van verkocht in Nederland, en het is vertaald in vele talen. Er doen zelfs geruchten de ronde over verfilming door een beroemde buitenlandse regisseur, met in de hoofdrol een fietsgekke topacteur.

Talloze critici van naam hebben zich lyrisch over *De renner* uitgelaten, zoals wijlen Nico Scheepmaker, de legendarische sportjournalist: 'Het is aan de ene kant een literair meesterwerk dat om die reden over honderd jaar nog gelezen zal worden, en aan de andere kant is het het beste sportboek in de Nederlandse taal.' En de *Los Angeles Times* schreef erover: 'Krabbé doet wat geen enkele Tour de France-verslaggever ooit heeft gedaan: hij neemt de lezer mee in het hoofd van de renner.'

Net als andere fervente liefhebbers, zoals Kees van

Kooten, las ik het boek minstens vijf keer. Als voetballend jongetje van tien jaar had ik goudhaantje Johnny Rep als idool, na het lezen van *De renner* werd Krabbé zijn opvolger. In het jaar dat het boek verscheen fietste ik voor het eerst in Frankrijk op mijn racefiets tegen een berg op. Krabbé kon perfect beschrijven hoe je daarbij kon afzien, daar hoefde je geen literatuurexpert voor te zijn, maar dat hij ook nog eens hard kon fietsen gaf de doorslag bij mijn keuze voor hem als nieuwe held.

Ondertussen is Tim Krabbé een gevierd schrijver geworden. Hij was in 2009 zelfs de auteur van het boekenweekgeschenk, *Een tafel vol vlinders*. Deze eer valt slechts schrijvers met een grote reputatie ten deel. Hij heeft na *De renner* nog vele boeken geschreven, variërend van het spannende, en succesvol verfilmde *Het gouden ei* tot de prachtige, melancholische roman *Marte Jacobs*, waarin een nooit veroverde jeugdliefde centraal staat.

Als wielrenner ben ik nooit in de buurt gekomen van het niveau van Krabbé, en ook als schrijver van goedbedoelde boekjes kan ik nog niet in zijn schaduw staan. Wel ben ik een redelijke hardloper geworden. Ik ben inmiddels te oud om nog idolen te hebben, maar een groot bewonderaar van Krabbé ben ik gebleven.

Ter gelegenheid van de boekenweek mocht ik op verzoek van het onvolprezen *Wieler Magazine* op een winterse middag een heus interview met hem houden, waarin het onder meer zou gaan over de overeenkomsten en verschillen tussen onze passies: het racefietsen en het hardlopen. De voorlichter van de stichting Collectieve Propaganda van het Nederlandse Boek had weliswaar vriendelijk verzocht of we het wel een beetje over boeken wilden hebben, maar dat kan hij vergeten: ik ben benieuwd naar de schrijver en sportman, die achter *De renner* schuilt. Dat hij prachtige boeken schrijft zal me nu even worst zijn.

Zenuwachtig alsof ik mijn eerste klusje ga doen als redacteur van de plaatselijke schoolkrant, bel ik om half vijf aan bij het Amsterdamse appartement van de schrijver. Ik heb het aangedurfd twee werkjes van eigen hand mee te nemen om aan hem te geven. Krabbé klinkt al door de intercom zeer vriendelijk, en als ik over zijn drempel stap verdwijnt mijn nervositeit als sneeuw voor de zon. De boekjes aanvaardt hij onder vriendelijke dankzegging.

Aan alles merk ik direct dat ik hier een soortgenoot ontmoet, een sportliefhebber pur sang, maar ook een echte kenner. Niet zo'n man die de hele dag op een betaalzender voetbal kijkt, maar niet precies weet hoe de spelers heten van die club in het rood, 'Liverpool of zo...'.

Krabbé mag dan de formele pensioengerechtigde leeftijd hebben bereikt, het is hem niet aan te zien: hij is behoorlijk afgetraind voor een wielrenner die de feestdagen net achter de rug heeft en waarvoor het wedstrijdseizoen nog wel een paar maandjes weg is. Waarschijnlijk heeft hij aan zijn succesvolle jaar 2008, zeventien podiumplekken en twee keer gewonnen in de categorie zestigplus, meldt hij tevreden, zo veel moraal ontleend dat hij alweer flink aan het trainen is. Onder meer op de wielerbaan ('het Velodrome') in Sloten, waar hij de verveling van de eindeloze rondjes bestrijdt door er een imaginaire fietstocht van te maken.

Tim vertelt dat hij de afgelopen periode een aantal mislukte pogingen heeft gedaan om ook te gaan hardlopen. Niet vanwege afnemende animo om te fietsen, maar meer als effectieve en alternatieve trainingsvorm gedurende de wintermaanden. Doordat hij steeds last kreeg van zijn rechterkuit is het niet veel geworden. 'Weet jij wat dat zou kunnen zijn? Haarscheurtjes in de kuitspier misschien?' En zo zitten we binnen een paar minuten al bij een echt hardlooponderwerp: blessures in de fase van de trainingsopbouw.

Gaande het gesprek wordt me duidelijk dat hij ook voor het hardlopen wel enige aanleg moet hebben, want een persoonlijk record op 'drie rondjes Vondelpark' van 41.06 halen de meeste Nederlandse mannen hun hele leven niet, hoe graag ze ook zouden willen. En ook nog eens gelopen op negenendertigjarige leeftijd. (Volgens de pedometer van Krabbé, het computerprogramma waarmee hij ook al zijn fietstochten nameet, is een rondje Vondelpark 3,177 kilometer, mailt hij me nog na het gesprek. Omgerekend zou hij op een in zijn ogen bescheiden 43.07 op de tien kilometer zijn uitgekomen, in het verlengde van deze 9,531 kilometer door het Vondelpark.)

Krabbé vertelt me over een wedstrijdje dat hij met zichzelf hield, toen hij rond zijn veertigste een poos regelmatig in het Vondelpark hardliep. Een verhaal, zoals hij ze ook veel over het fietsen heeft geschreven: 'Het kleine rondje Vondelpark, waarbij je wel het brede, buitenste pad van het park loopt, maar doorsteekt ter hoogte van het Groot Melkhuis, is ongeveer 2,1 kilometer. Dat is ongeveer de afstand van kilometer veertig op de marathon tot aan de finish. In die tijd klokte ik eerst hoe lang de Portugees Carlos Lopes bij het vestigen van een wereldrecord in de Rotterdamse marathon over die afstand deed. Vervolgens probeerde ik op een dag wat ik op dat rondje, dat ik vaak liep, voor toptijd kon maken. Ik heb hier ergens nog wel een schriftje waarin de precieze tijden staan. Mijn record was uiteindelijk precies een minuut langzamer dan de tijd van Lopes over zijn laatste 2,195 kilometer. Ik denk dat het 7.52 was. Ik was dus bijna vijftien procent langzamer, terwijl ik fris was, en de Portugees er al veertig kilometer op had zitten. Het versterkte weer eens mijn ontzag voor het verschil met de top.' Terloops bevestigt Tim hier mijn vermoeden dat hij vrijwel alle trainingen in alle takken van sport die hij heeft beoefend, ook heeft gedocumenteerd.

'Bij het wielrennen had ik ook van die referenties. Zo werd er ooit in de Tour de France [1994, BB] een etappe gereden die ook over de Mont Ventoux kwam. Deze werd gewonnen door de Italiaan Eros Poli, geen slechte renner, maar beslist geen echte klimmer, daar was hij veel te groot voor. Doordat hij die dag al heel lang (en alleen) op kop reed, en met grote voorsprong aan de beklimming van de Ventoux begon, kon hij toch uit de greep van de echte klimmers blijven en de etappe die na 231 kilometer in Carpentras eindigde, ruim winnen. Over de klim, waar voor hem een lange, slopende solo aan voorafgegaan was, deed hij volgens mijn eigen meting 1.15 uur, vanaf Bédoin. Hij verloor hierbij ongeveer twintig minuten van zijn voorsprong. Mijn eigen toptijd vanaf die kant is 1.22, dus zo'n goede klimmer was ik ook weer niet.'

Ik houd wijselijk voor me dat de enige keer dat ik daar omhoogreed, me bijna een half uur meer kostte...

Tim Krabbé is een spreekwoordelijke omgevallen boekenkast als het om feiten uit het wielrennen gaat. Alles wat ik op mijn kladblok krabbel en bij thuiskomst nog even check op het internet blijkt te kloppen: Merckx werd in 1964 wereldkampioen bij de amateurs, in hetzelfde jaar dat Jan Janssen zegevierde bij de grote mannen. In 1966 zegevierde 'de Kannibaal' voor het eerst in een klassieker, Milaan-San Remo.

De feiten die ik niet zo eenvoudig kan terugvinden op het wereldwijde web, durf ik niet meer te betwijfelen. Als het gesprek op het ideale lichaamsgewicht van sprinters komt, weet Krabbe bijvoorbeeld te melden dat er ten tijde van Piet Moeskops een goeie sprinter meedeed, Arthur Spencer, die wel honderdtwintig kilo woog. Via Google kom ik er in ieder geval achter dat de man bestaan heeft, want ik vind een artikel uit de *New York Times*, jaargang 1922, waarin hij figureert. En Piet Moeskops won in 1921 zijn eerste wereldtitel, leer ik van Wikipedia. Wat moet er niet nog allemaal meer aan gegevens in dat hoofd van Krabbé zitten, vraag ik me vertwijfeld af.

'In 1953 ontstond mijn interesse voor het wielrennen, in een periode dat ik nog gewoon voetbalde bij Neerlandia in Duivendrecht. Spelen op een schapenwei en na afloop wassen in de sloot. Ik vormde een hecht verdedigingsblok met Bert Barend, de oudere broer van Frits. In dat jaar nam er een Nederlandse ploeg deel aan de Tour, een ploeg die ook nog eens het ploegenklassement won. Nederland was dus het beste wielerland ter wereld, redeneerde ik. We wonnen vijf etappes, en ik droomde over wielrennen, zonder nog maar het bestaan van de ronde van Vlaanderen te vermoeden.'

Tot zijn dertigste is Krabbé echter vooral actief in een heel andere sport, het schaken. Gedurende enige jaren mag hij zich rekenen tot de twintig sterkste schakers van het land. Hij publiceert er ook veel over. Ter ondersteuning van mijn theorie dat deze man alle sporten leuk vindt, voegt hij er nog aan toe dat hij in die tijd veel aan bokstraining deed. Dat schakers 'nerds' of 'eggheads' zouden zijn is trouwens onzin, wil hij nog wel even kwijt. Zo wist de redelijk succesvolle Noorse grootmeester Agdestein het tijdens zijn schaakcarrière ook nog tot voetbalinternational te schoppen.

Zijn eerste wielerleven, zoals hij het zelf noemt, duurde van zijn dertigste tot en met zijn zevenendertigste. En zijn tweede wielerleven, dat thans in volle gang is, moet ongeveer even lang gaan duren. Als het een beetje blijft draaien tenminste, want nietszeggend achteraan meerijden is niet zijn stiel. Als de lichamelijke aftakeling niet te snel verloopt, zal hij er rond zijn negenenzestigste de brui aan geven. Nu rijdt hij nog iedere wedstrijd in zijn categorie van de zestigplussers. 'Meestal staat er een man of veertig aan de start, de harde kern waarvan ik deel uitmaak bestaat uit ongeveer vijfentwintig man. Leuke kerels, die elkaar allemaal kennen.'

Met de aanwezige fotograaf, die niet alleen veel foto's maakt, maar ook veel wielerfeiten kent, bespreekt hij wat leeftijdgenoten en hun eigenaardigheden. Maas van Beek, drieënvijftig jaar al, die het uurrecord achter de derny heeft verbroken, op een verzet van 58 x 13. 'Ik heb hem ook weleens een verzet van 68 x 11 zien gebruiken,' vertelt Tim, 'en hij heeft ook het staand werelduurrecord, dat wil zeggen zonder zadel. Met zijn werelduurrecord voor vijftigplussers van bijna vijfenveertig kilometer per uur kwam hij zelfs in de buurt van het legendarische uurrecord van Fausto Coppi uit 1942 (45,8 kilometer per uur).' De manier waarop hij het vertelt doet vermoeden dat het hem ook wel wat had geleken zo'n veteranenrecord te bemachtigen...

Bij vertrek krijg ik een mooi boekje, een heus collector's item: *Col d'Uglas-alt 539* heet het. Voorin schrijft hij als opdracht: 'Voor Bram, de man die een p.r. wil maken.'

'De volgende keer hebben we het over literatuur,' beloof ik bij het weggaan.

14 Het Kopje van Bloemendaal

De bekendste brievenbus van Bloemendaal bevindt zich op het hoogste punt van de Hoge Duin en Daalseweg. Het is ook het hoogste punt van de bebouwde kom van het welgestelde dorp, en er staan de duurste huizen. Al lang voordat ik er in de buurt ging wonen, in mijn Amsterdamse studententijd, las ik erover in *43 Wielerverhalen*, een bundeling van de columns over wielrennen, die Tim Krabbé van 1980 tot 1984 voor NRC *Handelsblad* schreef. In het derde verhaal van de bundel komt de toenmalige gewoonte van Amsterdamse wielrenners aan de orde om bij een training over het Kopje te rijden, bij wijze van zeer bescheiden klimtraining. Zo reed de Amsterdamse ex-wereldkampioen Gerrie Knetemann vaak 'achtjes' over het Kopje: aan de ene kant omhoog, afdalen en een lusje rijden om vervolgens van de andere kant het klimmetje te nemen, weer af te dalen en aan die kant een lusje te rijden, enzovoort.

De brievenbus op de Hoge Duin en Daalseweg is het eindpunt van de beklimming vanaf de populairste kant, die begint bij de hockeyvelden van de bekende plaatselijke club. Of er veel andere wielrenners zijn dan Tim Krabbé die hun beklimming van het Kopje ook afklokken, weet ik niet. Zelf deed ik het altijd wel, maar met een handicap: ik wist niet precies waar ik de tijdwaarneming moest starten.

De dag dat ik hem spreek laat ik de kans dan ook niet voorbijgaan het nu voor eens en altijd precies te weten. 'Grappig dat je daarover begint, ik heb het pas geleden voor het eerst sinds lange tijd weer eens gereden. Waar de weg al een beetje stijgt, staat bij een scherpe bocht naar links een lantaarnpaal, rechts van de weg [dit is bij de ingang van het openluchttheater Caprera, BB]. Daar druk je het klokje in, met vliegende start dus. Vervolgens stoemp je naar boven, op de grote plaat. Je moet daar echt niet gaan klimmen. Na het eerste steile stuk ga je weer even wat omlaag alvorens weer een stuk omhoog te gaan. Als je durft kun je daar wel met veertig aan het laatste stukje klim beginnen. Het eindpunt is bij de brievenbus, die tegenwoordig links in plaats van rechts van de weg staat, en die vervelend genoeg ook nog een paar meter verplaatst is. Je moet het er maar mee doen.'

Bij zijn recente 'vol gas-beklimming' bleef Krabbé maar tien seconden verwijderd van zijn persoonlijk record, dat hij vestigde toen hij vierendertig was. Het staat op 2.19, wat een gemiddelde snelheid van 33,67 kilometer per uur betekent. Niet zonder trots rekent hij voor dat hij op het stukje van 1,3 kilometer maar zo'n zeven procent verval heeft ten opzichte van die al meer dan dertig jaar oude persoonlijke toptijd. 'Het is wonderlijk wat er kan.'

Op de computer rekenen we samen de afstand nog even na. Ik vertel hem mijn voornemen om mijn tijden over 'het Kopje' ook te gaan klokken. Over precies dezelfde afstand, maar dan rennend.

'Met lopen heb je minder last van dat stijgen,' stelt Krabbé optimistisch. 'Kun je over zo'n afstand geen achttien kilometer gemiddeld halen?' Ik repliceer dat vijftien mij al heel aardig lijkt. 'Dan moet je binnen de 5.12 eindigen,' rekent Tim vlot voor.

Ik beloof dat ik hem van mijn vorderingen op de hoogte zal houden. Een streeftijd heb ik al wel: als ik er precies twee keer zo lang over zou doen als Tim Krabbé op zijn fiets, dan zou mijn record 4.38 moeten worden. Of ik dat ga halen?

De volgende ochtend ga ik direct een eerste poging wagen, of eigenlijk twee. Ik besluit rustig warm te lopen in de richting van het Kopje, en dan een voorzichtige eerste keer te klokken. Als ik dan onderlangs terugloop, over de Midden Duin en Daalseweg, kan ik direct daarna een serieuze poging doen.

Krabbé maakte ooit een mooi boekje, *Col d'Uglas-alt 539*, waarin hij verslag doet van zijn beklimmingen van de Col d'Uglas, een klim die onderdeel is van het parkoers van *De renner*. Niet alleen zijn eigen tijden stonden vermeld, ook die van collega-wielrenners, profschaatsers en toevallige voorbijgangers. En natuurlijk de snelste vrouw. Terwijl ik het las kwam de fantasie al op om vergelijkbare lijstjes met tijden op het Kopje aan te gaan leggen.

Bij mijn eerste officiële beklimming van het Kopje merk ik direct dat ik aan een totaal nieuwe bezigheid ben begonnen. Er zijn in Nederland niet veel klimmetjes als deze, en ik heb nooit de gewoonte gehad om bij aanvang van een klim ook nog eens te versnellen. Als je in de Rotterdamse marathon dat steile stukje tegen de Erasmusbrug op moet, versnelt er toch ook niemand? Hoe doe je het eigenlijk het doeltreffendst, snel omhooglopen? Ik besluit om mijn tempo al voor de paal waar ik mijn stopwatch moet indrukken flink op te voeren en vervolgens mijn pasfrequentie op het steile stuk min of meer gelijk te houden. Door de kortere passen die onvermijdelijk volgen zakt mijn tempo direct na de vliegende start al behoorlijk. En ik ga heel snel stuk: amper twintig seconden na het begin zit ik er al helemaal doorheen. Geen macht in de benen voor dit soort gekkigheid. Als ik aan het einde van het steile stuk ben, bij de parkeerplaats van restaurant De Uitkijk, ontkom ik er niet aan om een klein stukje flink vaart te minderen. Ik moet even herstellen. Ik kan onmogelijk versnellen op het min of meer vlakke stuk voor me, terwijl ik nu al weet dat daarmee in de toekomst veel tijdwinst te verdienen zal zijn. Ik slinger met de weg mee, blijf op de klinkertjes lopen en weersta de verleiding om af te snijden over de stoepen. Op die manier zou een vergelijking met de fietstijden oneerlijk worden. Pas op de laatste paar honderd meter is er weer sprake van een echte klim, maar aanmerkelijk minder steil dan het eerste stuk. Tussendoor zat zelfs een stukje dalen, waar het me wel lukte om het tempo op te voeren. Als eerste tijd klok ik 5.48, en ik heb geen flauw idee of dat iets voorstelt. Dat er nog flink wat verbetering mogelijk is lijdt geen twijfel. Alleen al door op grond van ervaring een betere verdeling van de krachten aan te leren moet er een flink stuk van deze tijd af kunnen.

Ik wandel een paar minuten naar beneden, en dribbel dan heel langzaam terug naar de hockeyvelden. Ik besluit mijn tweede poging in hetzelfde tempo te beginnen, maar dan wel te versnellen op het vlakke stuk. Dat valt vies tegen, want ik merk al direct dat de eerste beklimming nog in mijn benen zit. Dat het stijgen voor een loper minder belastend is dan voor een fietser, zoals Krabbé al opmerkte, krijg ik bij het begin van mijn tweede poging duidelijk gedemonstreerd: een vader duwt een bakfiets met daarin twee kinderen zuchtend omhoog. De moeder, die voor de gelegenheid een gewone fiets gebruikt, loopt ernaast. Ik moet uitwijken om ze te passeren, dat kost me een paar seconden. Met hangen en wurgen lukt het me nu wel om aan het einde van het eerste stuk een soort van versnelling door te voeren, maar veel stelt het niet voor. En het laatste stukje klimmen verloopt moeizamer dan de eerste keer, dus ook deze tweede poging is nog lang niet optimaal. Maar mijn tijd is wel een stuk sneller, stel ik tevreden vast: 5.33.

De weken daarna experimenteer ik met mijn recordpogingen. Als onderdeel van de voorbereiding op een marathon is het ook niet echt een geschikte hobby. Uiteindelijk bevalt de variant waarbij ik eerst een rustige duurloop van een uurtje doe en als een soort toetje zo snel als ik kan tegen het Kopje op ren, me het best. Het draagt er in ieder geval aan bij dat ik mijn duurlopen rustig doe...

De tijden gaan nog maar met hele kleine beetjes vooruit, en steeds vaker lukt het ook helemaal niet om in de buurt van een persoonlijke toptijd te komen. Via 5.24 gaat het naar 5.16, dan naar 5.12. Een volle maand boek ik vervolgens helemaal geen vooruitgang, dan maak ik ineens weer een sprongetje door binnen een week 5.07 en 5.01 te klokken. Het blijft intrigerend hoe dit soort recordpogingen zich consequent lijkt te onttrekken aan een gelijkmatige vooruitgang. Krabbé stelde dit ook al vast bij zijn beklimmingen van de Uglas: je hikt soms tijden tegen een soort plafond aan, waar je vervolgens in korte tijd een paar keer doorheen breekt, op weg naar een nieuw plafond.

De avond dat ik uiteindelijk de barrière van vijf minuten neem, gebeurt er iets bijzonders. Het is een zondagavond en al een uur of tien, als ik aanzet voor wat misschien wel mijn honderdste beklimming wordt. Ik loop met een zekere routine tegen het steile stuk van het begin op, weet inmiddels precies hoe diep ik daar kan gaan om nog een beetje over te houden voor het vervolg. Het is een heel donkere avond, en de wind die er is staat gunstig. Ik kan goed versnellen bij de parkeerplaats en draai met de weg mee naar links. In een bocht naar rechts begint het klimmen weer. Aan de linkerkant van de weg zie ik een schim van de trap af komen, die daar vanaf de Midden Duin en Daalseweg omhoogkomt. Ik schrik, het ziet eruit als een grote hond, type dobermann. Niet echt het soort waar ik liefhebber van ben, en helemaal niet als ik ze 's avonds in het donker tegenkom, zonder baas die ze in bedwang houdt. Onbewust minder ik vaart, als ik nog iets zie bewegen boven aan de trap. Het blijkt een reebok te zijn, en dat andere dier was dus ook geen enge grote hond. Opgelucht versnel ik mijn tempo weer, verbaasd over de twee reetjes die ik voor me over de weg zie lopen. Een paar tellen later zijn ze in het niets verdwenen, alsof ze er nooit zijn geweest. Bij de brievenbus druk ik als altijd mijn stopwatch in. 4.57! Nog negentien seconden te gaan, naar de begeerde 4.38. Na de marathon ga ik eens nadenken over wat gerichte training op deze nieuwe discipline.

De snelste loopmaat is tot op heden Simon van Woerkom, die 5.21 noteerde. De enige vrouw die ik tot nu toe wist te verleiden het ook eens te proberen, kwam ruim boven de zes minuten uit, en wil met deze tijd geen vermelding met naam en toenaam op de recordlijsten. Zou Hugo van den Broek eigenlijk onder de vier minuten kunnen lopen?

15 Generale

Een serieuze marathon kan niet zonder generale repetitie. Zonder een dergelijke test kun je heel moeilijk een inschatting maken hoe je ervoor staat. Er zijn een aantal belangrijke variabelen die je moet meewegen bij het kiezen van je generale: hoe lang voor de marathon ga je jezelf testen, op wat voor afstand en in welk tempo.

Het tijdstip waarop je de grote test plant is voor een belangrijk deel een kwestie van smaak. Als je een voorbereidingsperiode van een half jaar of meer achter de rug hebt, zul je vermoedelijk langer voor de marathon willen weten of alles naar wens gaat, dan wanneer je een ervaren loper bent die hooguit drie maanden gericht naar een marathon toe werkt.

In alle gevallen geldt echter dat een betrouwbare en zinvolle test ten minste drie weken voor de marathon moet plaatsvinden. In de laatste twee weken ben je als het goed is de trainingsomvang aan het afbouwen en is er niet veel meer dat je nog kunt doen met de informatie die je uit de generale hebt gehaald. Daar komt bij dat het niet verstandig is jezelf zo kort voor de marathon nog te belasten met een halve marathon of nog verder in je beoogde marathontempo, of zelfs nog iets daarboven. Het is een fout die je hooguit één keer in je loopleven maakt, maar voorkomen is beter, zeker als het voor een bijzondere marathon als die van New York is. Zelf liep ik jaren geleden een keer mee in een grote halve marathon, over een heel snel parkoers. Ik was zeer goed getraind vanwege een marathon, twee weken later, en was zo onnozel te denken dat ik een goede halve zou kunnen lopen zonder mijn prestatie op die marathon vlak daarna nadelig te beïnvloeden. Dat heb ik geweten: de halve ging boven verwachting, maar de marathon werd een zware teleurstelling.

Vaak hoor je het advies om een week voor de marathon nog een tienkilometerloop te plannen, die je dan zo hard mag (of moet) lopen als je kunt. Dat is iets wat ik al jaren doe, en het bevalt me prima. Maar het is beslist geen betrouwbare test voor een marathon. Als het goed is merk je bij zo'n loop dat je niet echt snel bent maar wel goed je tempo vast kunt houden. Dat komt doordat je de intervaltrainingen die je moet doen om een snelle tien kilometer te lopen, als het goed is hebt vervangen door rustige lange-duurlopen. Wat mij betreft is het ideale moment voor de grote marathontest vijf weken voor de uiteindelijke wedstrijd. Aan de ene kant heb je dan al veel training achter de rug, aan de andere kant blijven er nog drie weken over om op grond van de bevindingen eventueel nog wat accenten in het trainingsschema te verplaatsen. Als je de generale nog eerder plant, moet je accepteren dat de betrouwbaarheid van de test flink afneemt. Hoe je conditie twee tot drie maanden voor de marathon is zegt niet zo heel veel. Bovendien is de kans op een flinke verkoudheid of een paar dagen griep die je conditioneel terugwerpen ook wel erg groot.

Ook over de afstand die een goede test dient te beslaan bestaan uiteenlopende opvattingen. Ervan uitgaande dat je de marathon vrijwel geheel op je vetverbranding loopt, is het verstandig dat ook in de test te doen. Dat betekent in de praktijk een afstand van minstens een halve marathon in een tempo dat niet al te ver afwijkt van wat je in gedachten hebt voor de hele marathon. Hoe langer de afstand waarover je jezelf test, hoe dwingender de aanbeveling niet te veel boven je wedstrijdtempo te lopen. Er zijn zelfs mensen die hun generale in een nog lager tempo doen. Dat zijn zij die hun langste duurloop als generale zien. Ze lopen dan drie uur, of soms zelfs nog meer, in een zeer rustig tempo. Uit het verloop van hun hartslag kunnen ze dan ook nog redelijk inschatten hoe ze ervoor staan. Lukte het om de hartslag gedurende de hele periode laag te houden, of liep deze na een paar uur toch geleidelijk op zonder dat het tempo omhoogging?

Zelf zweer ik bij een halve marathon, in een tempo dat net iets hoger ligt dan mijn marathontempo. Mijn schema maak ik dan met de bekende formule dat je marathontijd twee keer die op de halve is, plus tien minuten. Als je op een marathon een tijd van drie uur wilt lopen, streef dan in je test op de halve naar een tijd van een uur en vijfentwintig minuten. Wil je er vier uur over doen, mik dan op een halve in 1.55 uur, enzovoort. De vuistregel dat je de marathon niet veel sneller kunt lopen dan twee keer je persoonlijk record op de halve marathon plus tien minuten, klopt volgens mij voor de meeste hardlopers. Het voordeel van mijn test vind ik dat je in principe altijd goed zit als je erin slaagt de streeftijd te halen. Omdat je nog vijf weken tot de marathon hebt, moet je nog drie weken flink doortrainen. Dat betekent dat je alleen nog maar beter wordt dan je bij de generale al was. De twee weken relatieve rust vlak voor de marathon, die in de meeste schema's is opgenomen, rust je ook nog eens flink uit. Daardoor sta je bij de marathon veel frisser aan de start dan bij de halve waarin je jezelf getest hebt. Die viel immers midden in de meest intensieve trainingsperiode, en het paste toen niet om gas terug te nemen voor een test.

Een laatste kenmerk van de generale repetitie waar je rekening mee kan proberen te houden, zijn min of meer gelijke omstandigheden als te verwachten bij de marathon. Wat het weer betreft heb je daar natuurlijk vrij weinig in te kiezen, maar het parkoers dat je traint kun je wel zo veel mogelijk laten lijken op dat van de marathon. Als het om de marathon van New York gaat, heb je het dan ook nog niet gemakkelijk in Nederland. De vele hellingen die je daar te wachten staan kun je in het grootste deel van Nederland niet vinden. Of je moet rondjes gaan lopen in de buurt van een hoge brug, maar dat is wel weer erg geestdodend. In de omgeving waar ik woon komt de halve marathon van Haarlem nog het meest in de buurt, doordat de route daar grotendeels door het glooiende duingebied loopt. Als je daar naast de beroemde uitspanning Kraantje Lek het fietspad naar Zandvoort op loopt kun je gemakkelijk fantaseren dat je een brug in New York aan het bedwingen bent. Het mooiste van de halve marathon van Haarlem vind ik de datum: meestal een week of vijf voor de New York City-marathon...

16 Zomaar een marathon

Mijn eerste marathon liep ik toen ik achttien jaar oud was. Ik liep zelfs verder dan tweeënveertig kilometer. Omdat het geen wedstrijd was, er geen start- en finishlijn was getrokken en – het belangrijkste argument – er geen officiële tijdsregistratie plaatsvond, staat deze inspanning niet beschreven in de annalen van mijn hardloopcarrière.

Het was een impulsieve actie, onder invloed van heel veel bier. Zoals nog ieder jaar mensen in het café besluiten de volgende dag mee te doen aan de Dam tot Damloop of een bekende halve marathon, zo bedacht ik op de avond dat mijn eindexamen erop zat, van Haskerdijken naar Harlingen te rennen. Haskerdijken is de naam van het gehucht waar ik het grootste deel van mijn middelbareschooltijd heb gewoond. En in Harlingen vertrok de boot naar Vlieland, het eiland waar ik met mijn klasgenoten een paar dagen ging bijkomen van de examenstress. En de tijd tot de uitslag bekend zou worden wat verkorten. Het gesprek in het café ging over het vervoer naar de boot, de volgende dag.

De verwende meisjes werden door hun moeder met de auto gebracht, de meeste jongens gingen met de bus, een enkeling zelfs met de fiets. 'En ik ga lopen!' riep ik, overmoedig door tien bier. De neiging om me met eigenaardig gedrag te willen onderscheiden zat er al vroeg in...

Mijn vriend Gerrit bleek bereid om als begeleider mee

te fietsen. Iemand anders moet onze bagage hebben meegenomen, want het beeld van zijn bagagedrager waar een eenzaam pak karnemelk onder de snelbinders lag staat me nog altijd scherp voor ogen. Niks geen sportdrank of koolhydraatrijke hapjes, een liter karnemelk was de brandstof die ik mezelf had toebedacht.

We vertrokken om een uur of vijf in de ochtend, de alcohol van de voorgaande avond was mijn lijf nog niet uit. Maar de boot zou aan het einde van de ochtend vertrekken, en we hadden geen flauw idee hoe lang de tocht zou duren. Ik had geen flauw idee waar ik aan begon, en achteraf gezien was dat maar goed ook. Ik was een sportieve jongeman, die tenniste, als hockeykeeper figureerde, en geen slechte coopertest liep, maar een hardloper was ik nog lang niet. Ik fietste dagelijks minstens twintig kilometer, maar een duurloop had ik nog nooit gedaan.

Van de eerste paar uur herinner ik me vooral dat Gerrit het vreselijk koud had, naast me op de fiets. Mijn tempo was te laag om hem warm te krijgen met het fietsen. Er hingen flarden mist boven de Friese weilanden, de temperatuur zat dicht bij het vriespunt. We passeerden de boerderij van de beroemde schaatsenrijdster Atje Keulen-Deelstra, bij Jirnsum. Gerrit schold in de richting van de boerderij dat dit verdorie toch geen sport was. Hij klappertandde.

In de uren daarna werd het voor hem steeds minder zwaar, dat wil zeggen: warmer, terwijl bij mij de ontwikkelingen in omgekeerde richting verliepen: langzaam maar zeker ging het licht uit. Toen we in Franeker kwamen, minder dan tien kilometer van de boot, voelde ik me meer dood dan levend. Ik vervloekte mijn hoogmoed van de avond ervoor, en besloot de resterende kilometers maar als straf te beschouwen voor al te veel lichtzinnigheid. In mijn herinnering heb ik hele stukken gekropen, daar tussen die twee Friese steden. Ondertussen speelde er ook tijdsdruk, want het missen van de boot zou enorm gezichtsverlies opleveren. Hoe ik het uiteindelijk gehaald heb kan ik me niet meer herinneren. Wel is blijven hangen dat ik alle dagen op Vlieland niets anders kon dan strompelen. Ik verplaatste me op een huurfiets, indien strikt noodzakelijk. Voor de rest hing ik alleen maar in een tuinstoel, uitgeput.

Toen ik in februari 1985, ondertussen eenentwintig jaar oud, debuteerde in een 'echte' marathon, was daar ook niet veel specifieke voorbereiding aan voorafgegaan. Ik liep wel regelmatig hard, meestal twee of drie rondjes in het Vondelpark, maar de term 'langeduurloop' zei me nog steeds niets. Tot op de dag van vandaag is deze marathon, de Midwintermarathon in Apeldoorn, de langzaamste officiële marathon die ik voltooide. En ook nu hadden de laatste kilometers meer weg van kruipen dan van hardlopen. Nog net niet zo erg als Franeker – Harlingen, een paar jaar eerder, maar het scheelde niet veel. Bij de marathons die ik sindsdien heb gelopen was er daarna altijd nog een ander doel dan in een zo snel mogelijke tijd de finish halen: niet wandelen, de drinkposten na dertig kilometer uitgezonderd.

In mijn niet aflatende pogingen mezelf te overtreffen ben ik steeds gerichter naar die marathons toe gaan leven. Eerst kwam het besef dat je af en toe ook lang en rustig moet lopen, bij wijze van training. Daarna volgde het inzicht dat je het beste uitgerust aan een marathon kunt beginnen, en niet drie dagen voor d-day nog je persoonlijk record 'rondje Vondelpark' moet willen verbeteren. Veel pasta eten in de dagen voor de marathon werd ook belangrijk, maar hier ontstaat ook de eerste ruimte voor twijfel over het nut van een specifieke voorzorgsmaatregel. Is het een ritueel dat vooral psychologische betekenis heeft of verbetert het objectief aantoonbaar de prestaties?

In de loop der jaren heb ik een aantal keren een marathon gelopen zonder dat dit een vooraf gepland en op zichzelf staand doel was. En de omstandigheden in aanmerking nemend ging het meestal ook nog best goed. Het is dan ook serieus het overwegen waard om niet met een maandenlange planning naar een grote marathon toe te werken, maar pas heel kort van tevoren te besluiten om mee te doen aan zoiets als de Drents Friese Woldmarathon in Diever of de West-Brabantmarathon in Etten-Leur. Helaas is deelname in New York City niet pas kort van tevoren te organiseren.

Bijna tien jaar geleden kwam ik op een zaterdag terug van een lange vakantie in Zuid-Afrika. Een week of zes had ik geen meter hardgelopen. Wel was ik lekker uitgerust, hoewel de lange vliegreis van Kaapstad naar Schiphol, met tussenstop in Londen, daar wel weer wat aan af had gedaan.

De volgende dag ging mijn vriend Franky een marathon lopen, in Etten-Leur (die plaats blijft terugkomen: wie in een gemoedelijke entourage over een rustig, fraai parkoers de marathon wil lopen moet deze van Etten-Leur, die altijd eind oktober wordt gehouden, zeker eens overwegen). Franky is een laatbloeier: pas rond zijn vijftigste begon hij, als velen een ex-voetballer, met hardlopen, maar in de jaren sindsdien werd het wel zijn grootste passie. In Brabant liep hij zijn derde marathon, en impulsief besloot ik bij thuiskomst om hem te vergezellen, omdat het toch wel een aardig eindje op en neer is vanaf Amsterdam voor iemand die ook nog eens ruim veertig kilometer moet gaan rennen.

Zondagochtend besloot ik zelf ook maar loopspullen aan te trekken, zodat ik her en der een stukje over het parkoers met hem mee zou kunnen lopen. Maar toen we uiteindelijk samen voor de inschrijftafels in de plaatselijke sporthal stonden, kon ik de verleiding niet weerstaan toch zelf ook maar een startnummer aan te schaffen. Ik was nog wel zo verstandig om op een veel langzamer schema te vertrekken dan gewoonlijk. De eerste twee uur leek het dan ook alsof ik veel te langzaam liep. Door de vakantie waren mijn benen heerlijk uitgerust, en dat lekkere gevoel bleek dus wel twee uur mee te gaan. Daarna was het echter snel gedaan met het ontspannen lopen. Maar het lukte toch om het tempo wel min of meer constant te houden. Ik finishte keurig binnen de beoogde tijd en had zelfs nog de puf om Franky tegemoet te dribbelen, die er een half uurtje langer over ging doen. Ik kon de laatste twee kilometer nog met hem meelopen, en daarmee nog een beetje van de toegezegde steun leveren...

Een tijd terug deed ik nog eens spontaan mee aan een marathon, maar wel onder heel andere omstandigheden. Ik zat midden in de voorbereiding op de Two Oceans Marathon bij Kaapstad, een wedstrijd die in tegenstelling tot wat de naam doet vermoeden geen 42 kilometer lang is, maar liefst 56 kilometer. De wedstrijd wordt traditioneel op de zaterdag voor Pasen gelopen, en de hele winterperiode was ik al druk met regelmatig zeer lange duurlopen. Omdat duurlopen van meer dan drie uur, die volgens de deskundigen als voorbereiding onontbeerlijk zijn, me grote weerzin bezorgen, bedacht ik deelname aan een marathon bij wijze van training als alternatief. En voor wie het zelfs in Etten-Leur te druk vindt: in het Drentse Diever organiseert men de meest bescheiden marathon die ik ooit liep. Het is misschien wel een van de kleinste ter wereld, maar ook hier is de omgeving waar gelopen wordt prachtig. Grotendeels over schelpenpaden, door het bos en over de hei, werkelijk schitterend. Mijn doel was drieenhalf uur, in mijn beoogde tempo voor de ultraloop in Kaapstad. Heerlijk ontspannen liep ik het grootste deel van de wedstrijd samen met een jongen die zich voorbereidde op de zestig kilometer van Texel. Hij had dezelfde streeftijd als ik, en hoewel we ons beiden realiseerden dat we te snel liepen, ging het domweg te lekker om gas terug te nemen. Zonder een centje pijn en volstrekt tevreden over de gang van zaken kwam ik ruim tien minuten sneller dan gepland aan de eindstreep. Wat een verschil met marathons waarbij het doel een tijd van ongeveer drie uur was en ik mezelf helemaal over de kop liep, om totaal gebroken op ongeveer dezelfde tijd uit te komen...

De derde marathon die ik spontaan liep verschilde niet alleen qua voorbereiding van de andere, maar ook qua uitkomst. Drie weken na een marathon in Rotterdam, waar ik ver verwijderd was gebleven van mijn beoogde eindtijd, reden we met het gezin naar Italië, voor een korte vakantie in de Marche. Na vijftienhonderd kilometer kwamen we het dorp binnen waar we een appartement hadden geboekt. In de hoofdstraat hing een groot spandoek over de weg: ColleMar-athon. Zondag 3 mei, precies vier weken na Rotterdam. In een flits besloot ik mee te gaan doen, zonder daar een goede verklaring voor te kunnen bedenken.

Alle deskundigen zeggen dat het herstel van een marathon minstens een maand neemt. In de maanden daarna kun je geleidelijk toewerken naar een nieuwe poging je grenzen te verleggen. Maar meer dan twee of drie keer per jaar kun je niet tot op de bodem gaan in een marathon. Wat dat betreft was het dus bij voorbaat onzin om hieraan mee te willen doen... Na veel moeite bemachtigde ik een startbewijs, en op zondagochtend om acht uur stond ik tussen druk kwebbelende Italianen om mijn startnummer op te halen. Aardige jongens, die Italianen, maar ook de doorgaans rustige marathonlopers blijken hier nog steeds enorme druktemakers. Ik voelde me wat wee, net of ik griep zou krijgen. Maar omdat ik me niet wilde laten kennen, besloot ik hoe dan ook te starten, en weer in een voor mijn doen rustig tempo.

De eerste tien kilometer ging dat ook goed, hoewel de temperatuur al snel begon op te lopen, ondanks het vroege tijdstip waarop we waren gestart. Het parkoers golfde op en neer tussen de dorpen op een heuvelrug die zich uitstrekte in de richting van de zee. Het ene moment klom je in de richting van een dorp, het volgende bevond je je in de afdaling hetzelfde dorp weer uit, op weg naar het volgende dorp.

Ergens halverwege verdween al mijn animo nog langer af te zien. Ik maakte de spelden van mijn startnummer los, en maakte rechtsomkeert in de richting van waar we gestart waren. Aanvankelijk kwam ik nog veel lopers tegen, die nog wel dapper op weg waren naar de zee, waar het eindpunt zich bevond. Geleidelijk werden het er steeds minder, en uiteindelijk zag ik nog slechts enkelingen met een meewarig stemmend uiterlijk en dito tempo. Net als ik zouden zij het nooit gaan redden tot het einde. Na een dorp waar ik een half uur eerder nog doorheen was gerend, de andere kant op, mochten er weer auto's op het parkoers. Nog altijd was het vroeg op de zondagochtend, en het waren er niet veel. Ik stak steeds mijn duim op als er een passeerde, in de hoop op een lift terug naar de startplaats. Er stopte een oude Fiat, met achter het stuur een bejaarde dame. Naast haar zat een mooie jonge Italiaanse vrouw, die vloeiend Engels bleek te praten nadat ze hadden ontdekt dat ik geen woord Italiaans sprak. Haar vriend was zijn eerste marathon aan het lopen, vertelde ze. En nu was ze met haar oma, de dame achter het stuur, op weg naar de finishplaats. Het was zijn eerste marathon, vertelde ze, en hij verwachtte er niet veel van. Pas over een half jaar zou het echt serieus worden, dan ging hij in New York de marathon lopen.

De dames waren zo vriendelijk me af te zetten bij het appartement. De mislukte marathon deerde me niet zoveel, ik was weer een leuke ervaring rijker.

17 Wim Verhoorn, marathonpionier: 'Je loopt er door de wereld heen'

Alleen een Wikipedia-pagina ontbreekt opvallend, als je de naam van Wim Verhoorn als zoekopdracht intypt op het internet. Wel krijg je al snel een indruk van de enorme hoeveelheid contacten die deze man in de (inter)nationale hardloopwereld moet hebben. Ooit werd hij bekend als de bondscoach van de Nederlandse marathonlopers, die onder anderen Gerard Nijboer begeleidde ten tijde van diens grootste successen. Maar er is heel veel meer: Verhoorn bereidde talloze prominenten voor op een marathon (meestal die van New York), was organisator van marathonreizen, wedstrijdleider bij grote (inter)nationale wedstrijden, en hij zat in de internationale club van organisatoren van marathons (AIMS). Hij is mede-eigenaar van twee restaurants in Lage Vuursche. Alsof dat niet genoeg was richtte hij ook nog met onder anderen de inmiddels overleden kinderoncoloog Tom Voûte de Centurions op, een gezelschap hardlopende heren dat zich inspant voor goede doelen. En tot op de dag van vandaag traint hij deze club. Dat hij pensioengerechtigd is en de afgelopen jaren weleens problemen met zijn gezondheid had lijkt van geen enkel belang als je deze loopgoeroe ontmoet. Stilzitten is er nog lang niet bij. Zo moet er nog een boek komen over zijn lange leven in de wereld van de atletiek, waarin de vele prachtige verhalen die hij heeft te vertellen worden vastgelegd. Ook op het terrein van de New York City-marathon is er geen Nederlander met meer ervaring dan Wim: hij was er al voor het eerst aanwezig in 1976. Hij was bevriend met de legendarische oprichter en organisator van de NYC-marathon, Fred Lebow, en verkeert op zeer goede voet met de huidige baas van de organisatie, Mary Wittenberg.

'Al aan het einde van de jaren vijftig kwam ik voor het eerst in New York, met de boot. Ik werkte namelijk voor de Holland-Amerika-lijn, als captain steward. We voeren van Rotterdam naar Engeland, dan naar Frankrijk en vervolgens de grote oversteek. Er zaten veel immigranten op die boot, mensen die vanaf New York per trein verder reisden, op zoek naar een nieuw bestaan ergens in de Verenigde Staten of Canada. De boten meerden aan in Hoboken, tegenover New York. Daar vlakbij was Frank "Ol Blue Eyes" Sinatra geboren; ik liep vaak langs zijn geboortehuis. Toen hij in 1998 overleed was ik net op weg naar Manhattan, vanaf vliegveld Newark. Ik vroeg de taxichauffeur om langs dat huis in Hoboken te rijden. De eerste fans hadden zich er al verzameld om hun idool te herdenken.

In de jaren zeventig werkte ik voor Warming Up Sportpromotions, dat als eerste Blue Ribbon Sports, de voorloper van het wereldberoemde Nike, in Europa importeerde. Als toeschouwer bezocht ik in 1977 de achtste editie van de door Fred Lebow opgerichte marathon. Er deden toen al heel wat meer mensen mee dan bij de eerste editie in 1970, toen er 127 starters en 55 finishers waren, die allemaal een inschrijfgeld van één (!) dollar hadden betaald. Het was het derde jaar dat men ongeveer het parkoers liep dat ook nu nog steeds gelopen wordt. Tot en met 1974 liep men domweg rondjes in Central Park.

In 1978 organiseerde ik samen met Michel Lukkien, die ook voor wup werkte, voor het eerst een Nederlandse delegatie van ongeveer tien man. Het was de eerste georganiseerde marathonreis vanuit Nederland naar een buitenlandse marathon. We deden dat destijds met Wagons-Lits. In die tijd was er ook nog een landenklassement, iets wat ondertussen iedereen vergeten is. In 1979 werden we zelfs derde in dat klassement, een heel bijzondere prestatie [de vs won, Groot-Brittannië werd tweede, bb]. De beker heb ik nog altijd thuis staan. De ploeg bestond uit Gerard Nijboer, Cor Vriend, Gerard Tebroke en Gerard Mentink. Nijboer werd elfde in 2.16, Vriend dertiende in 2.17. Tebroke, die daar zijn enige marathon ooit liep, was zeventiende in 2.18. Gerard Mentink was negenenveertigste, met een tijd net onder de 2.24. Dat niveau hebben we in Nederland niet meer... Hoe ik die jongens meekreeg? Had alles te maken met mijn goede contacten, dingen kunnen regelen voor die mannen.

In 1980 was er inmiddels een heel flink netwerk ontstaan, en heb ik samen met Leo van der Gaar de Flying Athletes Stichting (fast) opgezet, een bedrijf dat jarenlang toplopers begeleidde, reizen naar internationale marathons aanbood en ook zelf wedstrijden organiseerde.

Een heel bijzonder jaar was 1982, vooral vanwege de vrouwelijke toplopers. Nog niet heel lang daarvoor mochten vrouwen niet eens meedoen. In 1975 werd Kathrine Switzer, die ik goed ken, in New York zevende in 3.02.57. Switzer probeerde men ooit in de Boston-marathon uit de wedstrijd te trekken, enkel omdat ze vrouw was. Maar dit terzijde: in 1982 liep Carla Beurskens als eerste Nederlandse vrouw in de toptien, ze werd negende in 2.35. In die race liepen ook legendarische vrouwen als Grete Waitz en Ingrid Kristiansen. In de jaren tachtig was Carla Beurskens overigens het grote voorbeeld voor vele vrouwen. Zij won het eerste Nederlandse kampioenschap voor vrouwen, in Kijkduin, in een tijd dat er ook een nationaal Nederlands vrouwenteam was, gesponsord door het cosmeticaconcern Avon, dat een wereldwijd runningprogramma gestart had. De eerste "woman runningboom" was een feit. (Na Carla Beurskens is enkel Lornah Kiplagat er als Nederlandse loopster nog in geslaagd bij de eerste tien te eindigen. Zij liep van 2002 tot en met 2006 vijf keer achter elkaar in de toptien. Haar beste prestatie was een derde plaats in 2003, in de onvoorstelbaar goede tijd van 2.23.43, BB.)

In 1985 won de Italiaan Orlando Pizzolato de marathon, iets wat hij het jaar daarvoor ook al had gedaan. Gerard Nijboer was in datzelfde jaar de hoogste Nederlandse man ooit in de eindrangschikking. Met een tijd van 2.14.27 werd hij toen vijfde. Alle Italianen die in New York wonen waren door het dolle heen toen hun landgenoot Pizzolato won. In Little Italy was het groot feest, prachtig.'

Verhoorn vervolgt: 'Er zijn talloze mensen geweest die mijn hulp hebben ingeroepen om zich voor te bereiden op hun New York-marathon. De meest prominente waren natuurlijk de leden van het Koninklijk Huis, zoals prins Willem Alexander, die in 1992 zijn eerste marathon in New York liep. Ik heb wel strikte afspraken met de koninklijke familie dat ik de anekdotes over hun hardloopbezigheden voor mezelf houd. Wat ik wel kan zeggen is dat Willem Alexander in zijn marathon steeds op reserve liep en daardoor ook een weinig opzienbarende tijd maakte (BB, toegevoegd: in het fantastische uitslagenarchief van de New York City-marathon op internet, *www.*

nycmarathon.org, is het nog steeds terug te vinden: CROWN PRINCE WILLEM-ALEXANDER, M25, startnr. 18756, the Netherlands, place 19998, gender place 17189, age place 2931, gun time [= bruto tijd] 4.32.09). Maar hij kwam pas op vrijdagavond ingevlogen, en moest doorlopend rekening houden met de mogelijkheid dat er foto's van een totaal afgepeigerde kroonprins zouden verschijnen, als hij te diep zou gaan. En dat wilde hij natuurlijk niet. We hadden wel de afspraak gemaakt dat hij niet zou gaan wandelen, en dat is prima gelukt.

Ook de prinsen Pieter-Christiaan, Maurits en Bernhard jr. heb ik begeleid, en de vrouw van Maurits, Marilène van den Broek. Een andere heel grote naam was Tom Voûte, de hoogleraar kindergeneeskunde die in Nederland het gezicht was van de strijd tegen kinderkanker. Met hem kwam de fundraising voor goede doelen ook echt op gang. Tom is in 2008 helaas overleden, maar bijna dertig jaar waren we samen actief binnen de Centurions. Fred Oster was in de vroege jaren ook een BN-er die deelnam en waar ik me mee bemoeid heb. Later nog vele andere BN-ers, zoals Marc Klein Essink, René Froger en Caroline Tensen.

Veel mensen ook uit andere sporten, zoals Danny Blind, Wim Rijsbergen en Robert Maaskant, de trainer van NAC, uit het voetbal. Ex-wielrenners als Erik Breukink, Leontien van Moorsel en haar man Michael Zijlaard en wijlen Gerrie Knetemann. De ex-wereldkampioen schaatsen Hein Vergeer, de hockeyster Margriet Zegers die met het damesteam goud won op de Olympische Spelen van 1984.

En mensen uit de politiek en het bedrijfsleven: de voormalige ING-topman Ewald Kist en zijn familie, de huidige baas van de Rotterdamse haven Hans Smits en de recent overleden Belgische politicus Karel van Miert zijn maar enkele voorbeelden. En zo kan ik nog wel even doorgaan.

Prachtige anekdotes heeft dat ook opgeleverd. René Froger die in de buurt van de Queensboro Bridge loopt te zwoegen en wordt ingehaald door een landgenoot die hem herkent. De man zegt iets in de trant van: "Jij kan niet lopen, Froger. Zegt René: Ik kan niet lopen, maar jij kan niet zingen!"

En mijn veel te vroeg overleden vriend Gerrie Knetemann, die ergens door de Bronx ploeterde, meer dood dan levend, en serieus overwoog om uit te stappen. Zag hij op een bankje een hele dikke negerin zitten. Kneet kon de verleiding niet weerstaan en ging even naast haar zitten. Of-ie een snoepje wilde. Graag natuurlijk. "Je zal wel moe zijn," zei de vrouw. Waarop Kneet nog eens dacht aan alles wat hij in zijn lange wielercarrière had meegemaakt, qua afzien. Alpe d'Huez, Tourmalet, noem maar op. Dus liep hij toch maar verder.

De enige overeenkomst van de New York-marathon met die van Berlijn, Tokio, Londen of Boston is de afstand. Ze zijn verder allemaal anders. Maar New York heeft natuurlijk een aantal zaken waardoor het uniek is. Dat begint al bij de start op Staten Island, op een militaire basis waar normaal gesproken helemaal geen gewone burgers komen. Vervolgens trek je door de meest uiteenlopende buurten, ook langs plekken waar het de rest van het jaar niet zo veilig is. Eén dag per jaar is het overal veilig in New York, kun je overal doorheen. En je loopt op die dag ook *door* de wereld: langs alle etnische groepen kom je. Het ene moment de orthodoxe Joden met hun tradities, die stil langs het parkoers bewegen, het volgende moment de uitbundige Puerto Ricanen, die geweldig veel herrie kunnen maken. De hele melange van culturen die New York haar bijzondere identiteit geeft, proef je op de dag van de marathon. Ook heel bijzonder is dat je op een groot deel van de route in de verte de wolkenkrabbers op Manhattan ziet, waardoor je steeds denkt: daar moet ik heen. Die venijnige brug bij het halvemarathonpunt, met het simpele bordje: Welcome in Queens. In het verleden rende je daar over roosters, nu liggen er tapijten. In de beginjaren dat men met die tapijten in de weer was vlogen ze ook wel eens door de lucht, als de wind eronder kwam. En dan die verschrikkelijk lange First Avenue, waar zo veel wordt afgezien. Vals plat is het, als je naar boven loopt, naar de Bronx. Kijk bij het Holland Point maar eens om, dan zie je waarom het zo zwaar is, adviseer ik mensen vaak. En tot slot Central Park: wist je dat het ook wel de Boulevard of Lies wordt genoemd? Vanwege de aanmoedigingen die niet met de werkelijkheid overeenkomen. "You're looking great" roepen tegen iemand die er totaal uitgewoond uitziet...

Maar het meest bijzondere vind ik het publiek, dat van 's ochtends vroeg tot 's avonds laat iedere loper hartstochtelijk aanmoedigt. Tot en met de laatste loper dus, kom daar maar eens om, elders. Weet je hoeveel indruk dat op mensen maakt die helemaal stuk zitten? Het uithoudingsvermogen van die toeschouwers is ook bewonderenswaardig. En ieder jaar staan ze er opnieuw, weer of geen weer.

Het goed getraind de marathon lopen is overigens altijd een voorwaarde. Alleen bij een goede conditie is het waarnemingsvermogen echt goed, en zullen de indrukken die je opdoet tijdens de loop onuitwisbaar in je geheugen geprint staan. Ook na twintig jaar kom ik nog atleten en atletes tegen die in detail kunnen vertellen wat ze gezien en gevoeld hebben. Wellicht is dit het echte geheim!

Fred Lebow was een heel bijzondere man. Hij was de organisator vanaf de eerste editie. In 1990 werd er een hersentumor bij hem ontdekt. In 1992, ik was toen de wedstrijdleider bij de City-Pier-Cityloop in Den Haag, kwam hij voor een bezoek naar Nederland. Dat was heel speciaal, ik heb er nog een van de karakteristieke petjes die hij altijd droeg aan overgehouden. Bij die gelegenheid kreeg Fred het eerste exemplaar van het boek *New York City Marathon 1992* door mij aangeboden. Toen Fred het boek doorbladerde zei hij: "dit had ik eigenlijk aan de aanwezigen (onder meer Centurions en BN-ers) willen overhandigen." Hij bedankte ook alle Nederlandse lopers en loopsters voor hun deelname aan "zijn" marathon. De manier waarop hij de mensen toesprak was al heel bijzonder, het was in het Atlantic Hotel in Kijkduin, het toenmalige hoofdkwartier van de CPC.

In 1992 liep hij zijn laatste marathon in New York, samen met de negenvoudige winnares Grete Waitz, die overigens later ook met kanker te kampen kreeg. Dat is ook zo goed van New York, ze betonen altijd eer aan hun iconen. En Grete Waitz is zo'n icoon. Ze deden er ruim vijfenhalf uur over, het was een ontroerende race. Fred was toen al ernstig ziek.

Hij heeft het evenement onder andere zo groot kunnen maken door de uitstekende verstandhouding die hij altijd had met de burgemeesters van de stad. En ook de mensen die hem later hebben opgevolgd; Allan Steinfeld en Mary Wittenberg, zijn op die lijn verder gegaan.

Een tijd zat ik met dit soort mensen ook in de AIMS, Association of International Marathons and Distance

Races. Er heerst in die club een gezonde competitie in vernieuwingen, waardoor de internationale marathons steeds beter, of althans professioneler, worden georganiseerd. Het hardlopen wordt als product ook steeds beter verkocht. Er bestaat sinds twee jaar de zogenaamde "Big Five"-competitie: in twee jaar de marathons van New York, Berlijn, Londen, Chicago en Boston, en daar dan een klassement over maken. Maar of dat gaat lukken? En waarom mag Tokio, Beijing of Seoul dan niet meedoen, dat zijn ook hele grote marathons, of Honolulu, waar in 2009 45.000 man aan de start staan, vooral Japanners overigens. En Moskou komt eraan. Het is moeilijk precies te voorspellen waar het heen gaat.

Wat helaas wel een beetje dreigt te verdwijnen is de centrale plek van de atleten. Waar vroeger je startnummer letterlijk op je hotelkamer werd afgeleverd, moet je nu weet ik hoe vaak je paspoort laten zien voordat je het hebt.

Een andere ontwikkeling die me zorgen baart is de beperkte voorbeeldfunctie van de Nederlandse toplopers ten opzichte van hun landgenoten. Zo werd Martin Lauret eind 2008 vijfde in de Chicago-marathon, een heel erg goede prestatie, waar vervolgens heel weinig mee gedaan wordt. De homogeniteit ontbreekt ook, terwijl ik daardoor destijds grote aantallen goede Nederlandse lopers meekreeg naar de New York-marathon. Vanuit alle geledingen rond de Nederlandse wegatletiek, de Atletiekunie, NOC/NSF, de media en de bedrijven die een goeie boterham verdienen aan de breedtesport, zouden bijdragen gestort moeten worden in een gezamenlijk fonds waaruit toppers wegatletiek kunnen bedrijven. Het moet echt anders dan het nu gaat.'

18 Voorpret

De meeste getrouwde mensen weten niet hoe het is om de marathon van New York te lopen. Ik weet niet wat een trouwerij met je doet, omdat ik daar geen ervaring mee heb, maar ik heb het gevoel dat er veel overeenkomsten zijn met het lopen van de mooiste marathon die er is. De getrouwde marathonlopers moeten maar zeggen of de volgende parallellen kloppen. Maanden heb je ernaartoe geleefd. Je hebt allerlei voorbereidingen getroffen, je hebt er flink wat werk in gestopt en nu, een paar dagen voor het zover is, kun je niet veel meer doen dan gespannen afwachten of het net zo mooi gaat worden als je al die tijd in gedachten hebt gehad. Maar je moet het loslaten, zoals de verschrikkelijke maar terechte uitdrukking luidt, want je kunt toch nog maar heel weinig invloed uitoefenen op het resultaat. Of het lekker weer zal zijn heb je bijvoorbeeld absoluut niet in de hand, terwijl het wel een factor van belang is. En zo kun je nog wel even doorgaan: het enige wat zeker is op het moment dat je op Schiphol staat om te vertrekken, is dat je over een paar dagen een onvergetelijke ervaring rijker bent. Met gelukkig wel veel meer kans op een positieve belevenis dan op een teleurstelling...

Zo sta ik op dinsdagmiddag 28 oktober 2008 in de vertrekhal van de luchthaven, gespannen over datgene wat ik de komende dagen ga meemaken, maar in de volle overtuiging dat ik er alles aan gedaan heb om aanstaande zondag een hele goeie marathon te lopen. Ik heb de hardloopschoenen die ik zondag zal dragen al aan, omdat ik niet wil dat bij eventueel verlies van mijn bagage mijn belangrijkste attribuut ook is verdwenen. Het verhaal van de man die dat wel overkwam heeft diepe indruk op me gemaakt. Je kunt natuurlijk een paar hele goede nieuwe schoenen kopen in New York, maar of ze precies jouw model hebben weet je niet van tevoren. En nog veel vervelender is dat je ze nooit meer in kunt lopen. In mijn tas zitten ook nog een paar lichte wedstrijdschoenen, maar of ik daar een hele marathon op durf te lopen weet ik pas vlak voor de start. Rob Veer heeft me allerlei tips gegeven waarmee je een jetlag kunt bestrijden, en ook in het vliegtuig moet je volgens hem rekening houden met de mogelijkheid van onnodige schade aan je hardloopbenen. Regelmatig even bewegen, veel water drinken en weinig alcoholhoudende drank, hoe verleidelijk dat voor veel mensen in een vliegtuig ook is. De vlucht verloopt prima, ik vermaak me met *Vals beeld*, een puike thriller van Elvin Post, die in de Verenigde Staten speelt en me alvast een beetje in Amerikaanse sfeer brengt.

Het voordeel van de middagvluchten naar de Oostkust van de Verenigde Staten is dat je nog een avond over hebt, als je aankomt. Door het tijdsverschil van zes uur ben je er lekker op tijd, als je uitgaat van de Amerikaanse klok. Doordat het al herfst is lukt het niet om nog iets van New York bij daglicht te zien vandaag, maar een taxirit van JFK Airport naar Manhattan is ook in het donker nog altijd de moeite waard. Opnieuw stel ik vast hoe herinneringen gekoppeld zijn aan plaatsen: terwijl de taxi langzaam door de avondspits kruipt, passeren we plekken die ik van voorgaande bezoeken ken. En komen de verhalen die daarbij horen weer boven. We rijden langs Flushing Meadows, waar ik jaren geleden Richard Krajicek zijn openingspartij op de US Open zag winnen. Daarna vergaapte ik me aan Andre Agassi, die meer imponeerde als een rockster dan een topsporter, met allerlei hysterische meisjes om zich heen. We naderen Manhattan, en ik herken aan de lichtjes het Empire State Building en het minder bekende, maar veel fraaiere Chrysler Building. Ik laat me vlak bij het roemruchte Chelsea Hotel afzetten om het laatste stukje naar het huis van mijn vriend Bruce te wandelen. In deze buurt bivakkeerden de jongens van de Velvet Underground, een van mijn favoriete bandjes als puber. Bruce heeft een prachtig huis in die nog altijd niet erg toeristische wijk, en het is heerlijk daar te kunnen logeren. Het voordeel van een relatief snelle tijd op de marathon is dat je zelf je inschrijving kunt regelen. Je bent niet aangewezen op de overigens prima arrangementen voor lopers die meestal een alles-in-één-pakket afnemen bij een reisorganisator: startbewijs, vliegticket en vier of vijf hotelovernachtingen voor een vaste prijs. Nadeel voor mensen als ik is dat het lastig is nog een plek te vinden op een rechtstreekse vlucht op een voor de hand liggende dag. De vliegtuigstoelen zijn al lang van tevoren geboekt door de reisbureaus. Ik zal zondagavond dan ook al terugvliegen en mis daarmee de mogelijkheid deel te nemen aan een of andere afterparty. Aan de andere kant ben ik er nu ook een dag eerder dan de meeste andere lopers uit Europa.

Bruce is net klaar met werken en we wandelen naar een Japans restaurant in de buurt. In New York smaken de sushi's me altijd beter dan in Nederland. Om een uur of elf stort ik in bed, vermoeid door de reis, maar ook omdat het volgens mijn Nederlandse bioritme ondertussen vier uur 's nachts is. Mijn streven is de komende dagen steeds redelijk op tijd naar bed te gaan, en op die manier niet helemaal in het ritme van New York te raken. Dat zal me vooral zondagochtend helpen, als ik vanwege de marathon om een uur of vijf in de ochtend op zal moeten staan. Of het daadwerkelijk lukt om gedisciplineerd vroeg onder de wol te kruipen is een tweede, want de stad verleidt je doorlopend om meer te ondernemen en later naar bed te gaan dan goed voor je is. Niet alleen riskeer je er minder te slapen dan gewenst is voor een marathon, ook zijn de afstanden die je overdag loopt vaak veel te groot, tijdens bezoek aan musea, winkels of bezienswaardigheden. Het Museum of Modern Art, MoMA, mag je niet overslaan als je in New York bent, maar een paar uur museum is een aanslag op je onderstel. Aan de andere kant ben je natuurlijk niet alleen maar gekomen om de marathon te lopen en zo veel mogelijk op een hotelbed te liggen. Met dit dilemma kampen alle duizenden lopers die zich de dagen voor de marathon in de stad bevinden, een enkele prof wellicht uitgezonderd. Die vernietigt kapitaal door zich niet optimaal voor te bereiden.

De volgende ochtend ga ik al vroeg een stukje loslopen. Door het tijdsverschil was ik al om vijf uur wakker en na een uurtje woelen zonder nog te kunnen slapen ben ik maar opgestaan. Door het Meat District ben ik zo op de fraaie strook langs de Hudson River, waar tussen de snelweg en het water een heus paradijs voor wandelaars, hardlopers, fietsers en skaters is aangelegd, waar geen enkele vorm van gemotoriseerd verkeer je stoort. Je kunt over de paden die daar liggen tot aan het onderste puntje van Manhattan lopen, naar de plek waar de boten naar het Vrijheidsbeeld vertrekken en ook de aantrekkelijke Staten Island Ferry, vanwaar je een schitterend uitzicht op

Manhattan hebt zonder dat het je een cent kost. Mijn benen voelen zwaar, maar dat is niet bijzonder na een periode hard trainen en werken, een flinke reis en een korte nacht. Langs de Hudson is het al druk met zeer uiteenlopende lopers, ondanks het vroege tijdstip. Waarschijnlijk allemaal mensen die nog even willen rennen voordat ze aan een hectische werkdag beginnen. Ik zie een veel te dikke man in een ouderwets joggingpak, die ook nog handschoenen en een muts draagt, en in een adembenemend traag tempo voorthobbelt. En hij is niet de enige die wel erg warm is gekleed. Even later zie ik het tegenovergestelde: een jonge vrouw die juist veel te dun gekleed is voor de omstandigheden. Ze loopt erbij alsof het hoogzomer is op een boulevard in Californië, en niet eind oktober aan de Oostkust. Ze heeft een koptelefoontje op, en draagt om onduidelijke redenen ook nog een zonnebril. Zon is in ieder geval nergens te zien. Haar akelig dunne beentjes en het hoge tempo waarin ze rent doen mij vermoeden dat hier sprake is van anorexia nervosa. En tijdens de rest van mijn loopje vraag ik me vanwege een veel te hoog en weinig ontspannen tempo nog een aantal keren af of jonge vrouwen die mijn pad kruisen geen patiënten met een eetstoornis zijn. Ze lopen ook te hard en te weinig ontspannen, is mijn indruk.

Ik loop een minuut of twintig richting downtown en maak dan rechtsomkeert. Het zware gevoel trekt geleidelijk een beetje uit mijn benen weg. Als ik thuiskom neem ik een douche en ga daarna ontbijten met Bruce. Zoals veel andere Amerikanen nuttigt hij ook deze maaltijd bij voorkeur buiten de deur. Als hij vertrekt naar zijn werk blijf ik nog even zitten, en lees in de *New York Times* over de Amerikaanse presidentsverkiezingen die vlak na de marathon worden gehouden. Op straat merk je er weinig van, omdat er in New York amper campagne wordt gevoerd. De traditionele winst voor een democraat maakt pogingen om stemmen te winnen hier tot een vorm van geldverkwisting. En Obama zal alleen al vanwege veiligheidsoverwegingen nooit de marathon van New York kunnen lopen. Nog een reden om niet te veel politieke ambities te hebben. Het grootste deel van de rest van de dag breng ik toch maar door in het MoMA. Ik dwing mezelf tot veel tussentijdse pauzes en probeer in een constant tempo langs de kunstwerken te schuifelen, met doorlopend de marathon in mijn achterhoofd. Gelukkig is het pas woensdag.

Op donderdag ga ik shoppen, op de fiets die ik van Bruce kan lenen. Waar je in Nederland steeds meer hardlopers ziet, zijn het in New York vooral de steeds maar groeiende hoeveelheden fietsers die opvallen. Op een aantal plaatsen op Manhattan zijn zelfs heuse fietsstroken aangelegd. Het is een heerlijke manier om je door de stad te bewegen en het gaat razendsnel in verhouding tot andere vormen van vervoer, maar je moet doorlopend beducht zijn op automobilisten die geen besef hebben van fietsverkeer. Ik sta een half uur in de rij om de populairste spijkerbroekenwinkel binnen te komen, en om die wachttijd goed te maken koop ik direct maar veel te veel. Hoef ik in ieder geval niet nog een keer terug. Een eindje verderop is de grote Niketown-winkel, waar ze altijd iets speciaals hebben in verband met de marathon. En je kunt er gratis een polsbandje krijgen waar alle tussentijden per mijl op staan die je naar een bepaalde eindtijd moeten voeren. Geen vaste tijden per mijl, maar aangepast aan de zwaarte van het parkoers. Tussen de snelste en de langzaamste mijl zit ongeveer een minuut, als je streven een eindtijd van drie uur is, zoals in mijn geval. Maar als je op vier uur mikt zijn die verschillen dus nog veel groter, en het lijkt mij een aardig hulpje voor iedere loper die op een schema wil vertrekken. 's Avonds ga ik naar een concert van de zoon van Frank Zappa, die speelt met de oude bandleden van zijn vader. Alleen de andere bezoekers maken het al de moeite waard, doordat ze er een wedstrijd van gemaakt lijken te hebben wie het meeste op hun overleden muziekheld lijkt.

Vrijdag is een belangrijke dag: ik ga mijn startnummer halen en mijn laatste kilometers lopen. Hoewel ik amper vijf minuten na de opening van de marathonexpo aanwezig ben, is het er al verschrikkelijk druk. Grote groepen hardlopers overal, vaak in identieke outfit gehuld. En de meest uiteenlopende nationaliteiten, hoewel mijn indruk is dat Europa wel het sterkst vertegenwoordigd is. Behalve veel landgenoten zie ik grote aantallen Italianen, Spanjaarden en Fransen. Misschien komen de Amerikanen morgen hun nummer pas halen, en zijn ze vandaag nog gewoon aan het werk. Na een aantal controles die je het gevoel geven dat 9/11 toch nog niet zo lang geleden is, bemachtig ik mijn tas met alle benodigdheden. En word ik vriendelijk doch dringend verzocht me nog even op het verkoopterrein te begeven waar letterlijk honderden stands zijn waar men iets tracht te verkopen wat met hardlopen te maken heeft: loopschoenen en hardloopkleding uiteraard, maar ook speciale horloges, hartslagmeters en zonnebrillen. En speciale voedingssupplementen, deelname aan exotische marathons elders op de wereld, goede doelen en nog veel meer. Ik koop enkel een paar nieuwe hardloopsokken om zondag op te gaan lopen, een ritueel dat ik mezelf jaren geleden heb aangemeten zonder nu nog precies te weten waarom. Buiten klim ik snel weer op de fiets, die mijn vaste bondgenoot op Manhattan is geworden. Ik lever mijn tas met spullen thuis af en kleed me snel om. Spring weer op de fiets, op naar Central Park.

Waar men in het Financial District vooral mannen in pakken tegenkomt, zie je in dit deel van de stad in deze dagen vooral mensen in trainingspakken. Ik parkeer de fiets aan de zuidkant van het park, bij de plek waar de truttige paardenkoetsen vertrekken. Langzaam dribbel ik langs het park noordwaarts, in de richting van het Guggenheim Museum. Vanuit tegenovergestelde richting loop ik hier zondag ook langs het park. Precies op de plek waar overmorgen de marathon hetzelfde doet, ga ik het park in, en volg het parkoers. Het golft behoorlijk op en neer, maar het zijn nooit lange stukken stijgen of dalen. Ik probeer me te concentreren op de omgeving, zodat ik me daar zondag als ik wellicht helemaal stuk zit, nog een beetje aan vast kan klampen. Ik ga het park weer uit en loop langs de zuidkant van het park naar Columbus Circle. Precies op die hoek moet je er dan weer in, voor de laatste paar honderd meter. Het lijkt ondertussen wel alsof er al een groot hardloopevenement gaande is, zo veel mensen rennen er rond. Op de tribunes zitten ook grote aantallen lopers te kletsen. En ze maken foto's van elkaar, poserend op de finishlijn. Een groepje donkere lopers flitst me voorbij. Vederlichte mannetjes met een overeenkomstige tred van lopen. Dat zijn de jongens die zondag de vele duizenden dollars prijzengeld gaan verdelen. Ik herken er overigens niet een.

Via een klein paadje dat dwars door het park loopt ga ik terug naar mijn fiets. Ik vraag me af hoe ik er nu precies voor sta. Mijn benen zijn minder zwaar dan eergisteren, maar om nu te zeggen dat ik me in topvorm voel... Ik fiets naar het Warwick Hotel, waar de bar als altijd afgeladen vol zit met lopers, ook al is het nog maar middag. Ik drink een colaatje en klets wat met een paar andere lopers. Met Bruce kijk ik 's avonds een film en ga op tijd in bed liggen. Het inslapen gaat echter moeizaam: meer en meer spookt de marathon door mijn hoofd en stel ik mezelf de nutteloze vraag hoe het zondag allemaal zal gaan.

De zaterdag vind ik het moeilijkst. Meer nog dan de andere dagen moet je ervoor zorgen dat je jezelf niet te veel vermoeit. Tegelijkertijd zoek je doorlopend naar afleiding voor de alsmaar verder oplopende wedstrijdspanning. Ik fiets van de ene naar de andere Starbucks en drink veel te veel koffie. Ondertussen koop ik cadeautjes voor mijn kinderen. 's Middags ga ik welbewust op bed liggen en val ik zelfs nog even in slaap. Als ik wakker word, neem ik mijn zoveelste bidon met koolhydraten, een goedje dat me na drie dagen behoorlijk tegen begint te staan. Maar ik heb het idee dat het helpt, dus het moet maar... Ik check wat e-mails en Nederlandse sportuitslagen op het internet en ga vroeg in de avond naar de onvermijdelijke Italiaan. Net als het ritueel van de nieuwe sportsokken mag een bord pasta op de avond voor een marathon nooit ontbreken. Als ik thuiskom bel ik nog even naar Wim Verhoorn, om de tijd en opstapplaats van de bus te checken. Die wist ik natuurlijk allang, maar je weet nooit of er niet ineens iets veranderd is. Ik ga vroeg in bed liggen, met een blad over hardlopen als poging tot afleiding. Maar van lezen komt niet veel, en van slapen helaas ook niet. Ik check wel vier keer of alles klaarligt: mijn shirt met daarop vastgespeld het startnummer, het broekje en de nieuwe sokken, mijn hardloopschoenen met de gele wedstrijdchip. En een oude broek en trui om daaroverheen te trekken, net als een wegwerppetje uit de tas waarin ook mijn startnummer zat. Het piekeren concentreert zich nu vooral op de vraag of ik mijn solide trainingsschoenen aan moet trekken morgenochtend, of de veel lichtere wedstrijdschoenen. Minder gewicht aan je voeten betekent tijdwinst, maar verlies van stabiliteit, zeker als je moe wordt, leidt tot onnodige verspilling van energie en dus tijdverlies. Uiteindelijk besluit ik toch maar op de vertrouwde schoenen te starten. Op de lichte schoentjes heb ik nooit verder gelopen dan een halve marathon, en ik weet dus niet hoe groot de kans is dat ik in de tweede helft klachten krijg die samenhangen met de geringere demping die onvermijdelijk is gekoppeld aan het lagere gewicht.

Met de wekker op vijf uur precies begin ik pas rond twaalven aan een korte, onrustige nacht.

19 Marathon time!

Nog voor de wekker gaat schrik ik wakker. 4.57 uur meldt mijn horloge. Ik spring uit bed en schiet mijn hardloopkleding aan. Maar niet dan nadat ik over iedere tepel een pleister heb geplakt. Als je een keer hebt meegemaakt hoe pijnlijk een schurend shirtje daar kan zijn, vergeet je het nooit meer. Met de oude plunje die eroverheen gaat ben ik niet echt herkenbaar meer als marathonloper. Straks bij de start zal ik gaan ontbijten, nu maak ik enkel een dubbele espresso, in de hoop dat ik nog even kan kakken alvorens te vertrekken, maar daar vindt mijn lichaam het helaas nog te vroeg voor. Wel word ik er zo mogelijk nog wakkerder door. Dat poepen moet dan later op de ochtend maar ergens, als ik me voor de start maar ontdaan heb van zo veel mogelijk ontlasting. Anders wordt het niks. Ik neem een taxi naar het hotel in de buurt van Broadway, waar ik met Wim en Johan heb afgesproken. Wim is zo goed geweest om voor ons een plekje te regelen in de laatste bus die straks over de Verrazano Narrows Bridge rijdt, voordat deze hermetisch wordt afgegrendeld voor alle verkeer. Ik ben te vroeg, de taxi was er sneller dan gepland. Ik koop van de paar losse dollars die ik nog op zak heb drie bananen en een fles water in het winkeltje tegenover het hotel. Het is onduidelijk of het net is geopend, of nog nooit gesloten sinds gisteravond. Dezelfde vraag geldt voor de andere klanten die ik er zie: vroege vogels of late stappers? In de lobby van het hotel is het even later een drukte van belang, met enkel vertrekkende gasten die vermoedelijk allemaal de marathon gaan lopen. Niemand heeft althans bagage bij zich. De partners die hen straks aanmoedigen liggen waarschijnlijk nog op een oor. Zelfs als ze uitslapen staan ze straks ruim op tijd in Central Park.

Op straat is er verder nog niets merkbaar van het massale evenement dat over een paar uur honderdduizenden mensen op de been zal brengen, amper een paar honderd meter verder. Ik heb eens gehoord dat de economische waarde van de marathon voor de stad New York ongeveer tweehonderd miljoen dollar bedraagt. In ieder geval wordt er veel verdiend aan de hotelovernachtingen van de duizenden marathonlopers uit de hele wereld, bedenk ik me tijdens het wachten op mijn beide loopvrienden. Ze zijn wat later dan afgesproken en ik merk hoe dit direct op mijn zenuwen werkt. Er zal toch niets misgaan? Als je de laatste bus mist kun je deelname wel vergeten, lijkt me. Of je moet vanaf downtown met de ferry naar Staten Island en vanaf daar naar de start, dat schijnt ook te kunnen. Maar of je dat vanaf hier nog op tijd redt?

Gelukkig laten de jongens het daar niet op aankomen, en even later zitten we prinsheerlijk in de dubbeldekker die ons naar de start gaat brengen. Als we de Verrazano Bridge afrijden zien we beneden ons grote hoeveelheden lopers die daar hun tijd wachtend doorbrengen. Sommigen dragen zo'n raar wegwerppak dat je ook nog op de marathonexpo had kunnen kopen. Je ziet eruit als een maanmannetje, maar de akelige kunststof waar het van gemaakt is houdt je wel goed warm. Aan een zuinige Hollander als ik is het niet besteed. Er heerst in het gebied waar de lopers wachten een aparte sfeer: iedereen heeft er zin in en is opgetogen over wat komen gaat. Maar je voelt ook de spanning bij veel mensen: hoe zal het straks gaan, ga ik het allemaal wel redden? Langs heel veel bewaking worden we naar een gymzaaltje gedirigeerd, waar een soort ontbijtbuffet klaarstaat. Inclusief de traditionele slappe Amerikaanse koffie, die niet alleen nauwelijks te drinken is, maar evenmin aanzet tot bezoek aan het toilet. En dat is wat me momenteel het meeste bezighoudt: lukt het me nog wel om voor de start een drol te draaien? Het zal me toch niet gebeuren dat ik straks ergens in Brooklyn aan een toeschouwer moet vragen of ik binnen even van zijn of haar toilet gebruik mag maken? Het is me nooit overkomen, maar het lijkt me een vreselijke ramp. En iedere streeftijd kun je dan natuurlijk ook op je buik schrijven.

Wim, die ongeveer iedereen in de gymzaal kent, en ook een dappere poging heeft ondernomen ze allemaal even te spreken, komt ons waarschuwen dat we zo dadelijk in optocht naar de start vertrekken. Ik zoek mijn toevlucht op een chemisch toilet naast het zaaltje, en slaag er tot mijn grote opluchting in nog flink wat ballast kwijt te raken. We worden teruggeleid naar de bussen, die bumper aan bumper langs het parkoers staan in het startgebied voor de toplopers. Het is nog wat fris, maar aan alles is al te merken dat het weer de komende uren ideaal voor hardlopers zal zijn. Het zal vanmiddag in Central Park zomaar eens vijftien graden kunnen zijn, en dat is niet slecht voor november. Boven op een open dubbeldekker kijken we naar de vrouwelijke toplopers die zich voorbereiden op hun vertrek, dat ruim voor dat van de rest van alle andere deelnemers valt. Ondanks haar tegenvallende prestatie bij de Olympische Spelen is Paula Radcliffe de torenhoge favoriete. Ik verbaas me over haar geringe lengte en tengere postuur, dat in schril contrast lijkt met wat ik me van televisiebeelden van haar herinner. Ze ziet er niet uit als een moeder, iets wat ze sinds enige tijd wel is. De ongelooflijk kleine en lichte donkere loopsters zijn waarschijnlijk verantwoordelijk voor deze foute inschatting, bedenk ik me. Er zijn er een paar die nauwelijks anderhalve meter lang zijn, en niet veel meer dan veertig kilo lijken te wegen. Even later zijn ze weg, een kleine groep vrouwen die op het oog langzaam tegen de brug op kruipt.

Tijd voor ons om alle overbodige kledingstukken uit te trekken. Een goede traditie wil dat de achtergebleven kleding, vele tonnen in totaal, wordt verdeeld onder de arme stadsbewoners, die het goed kunnen gebruiken. Mijn oude trui en broek zijn hun van harte gegund. Ondanks mijn korte broek en dunne singlet heb ik het niet koud in het startvak. Dat komt door de opwinding, maar ook door de warmte die de andere lopers in het startvak afgeven. Het petje dat ik nog op heb zal ik straks naar een toeschouwer gooien. De meeste warmte schijn je via je hoofd te kunnen verliezen. De officiële plichtplegingen volgen, met natuurlijk het Amerikaanse volkslied, gezongen door een jonge dame. Het is op zich indrukwekkend, maar ik ben ondertussen volledig gefixeerd op het startschot dat *mayor* Bloomberg zo dadelijk zal laten klinken. Als het eindelijk zover is, stuiven we als een meute jonge honden tegen de steile brug op. Het is een breed lint van veelkleurige lopers, op het bovendek van de brug. Links van ons, waar een andere kleur startvak is, loopt dezelfde hoeveelheid mensen, en onder ons, het startvak van het benedendek, moeten ook nog eens vele duizenden mensen vertrokken zijn. Ruimte voor toeschouwers is er niet, wel staat de afscheiding tussen de beide bovendekse rijrichtingen vol met fotografen, die een onophoudelijk geklik veroorzaken. Twee jaar geleden moet ik hier door een van hen met Lance Armstrong op de foto gezet zijn. De drie verschillende startgroepen, onderscheiden op grond van een kleurtje op hun startnummer, lopen de eerste kilometers ieder een eigen route. Pas na een kilometer of tien zit iedereen op hetzelfde parkoers.

Ik ben ondertussen nog niet eens op het hoogste punt van de brug, maar al wel buiten adem. Zou het ook mogelijk zijn om je *niet* te forceren bij deze heftige klim? Ik concentreer me op mijn ademhaling, omdat ik uit ervaring weet dat ik mezelf daarmee in een goed ritme kan krijgen. En kijk nog eens even naar rechts, over het water dat zich daar uitstrekt naar de Atlantische Oceaan. Daar doemt het bord van de eerste mijl op. Ondanks de inspanning blijk ik toch nog langzamer dan het schema op mijn polsband aangeeft. En dat terwijl dit hoe dan ook de langzaamste mijl moet zijn van de hele marathon, afgemeten aan de zwaarte. Als je ergens onderweg niet helemaal stukgaat tenminste. We lopen de brug af, Brooklyn in. Doordat ook de afdaling steil is gaat het tempo nu ineens drastisch omhoog. Zo wordt de tweede mijl een van de snelste en begrijp je ook direct waarom het zo onmogelijk is om in deze marathon het lekkere monotone ritme te ontwikkelen dat vereist is om persoonlijke toptijden te realiseren. Het aantal mensen langs de kant wordt nu snel groter, en de aanmoedigingen missen hun uitwerking niet. Ik mik mijn petje in de handen van een klein jongetje, dat er duidelijk blij mee is. In Amsterdam en Rotterdam staan op sommige plekken ook veel mensen langs de kant, maar vaak zijn ze daar meer met elkaar in gesprek dan dat ze de lopers aanmoedigen. Daar is hier geen sprake van, je krijgt het gevoel dat ze er allemaal voor jou staan en voor niemand anders. De derde en vierde mijl volgen elkaar snel op, en ik heb de achterstand die ik na de eerste mijl op mijn schema had ondertussen ingelopen. Langzaam ontstaat de situatie dat je omgeven raakt met lopers die ongeveer hetzelfde tempo lopen. Ik word tenminste niet zo heel veel meer ingehaald, en zelf passeer ik ook geen grote aantallen mensen meer.

'Come on, Sam and Bram!' hoor ik ineens roepen. Dat laatste moet op mij slaan, maar wie is Sam? Die blijkt naast me te lopen. Het is een fors gebouwde Amerikaan, die net als ik zijn naam op het shirt heeft staan. Deze tip, gekregen van een landgenoot die hier al jaren meeloopt, is zeer waardevol voor iedereen die zich graag laat aanmoedigen en wie doet dat nu niet? In Nederland heb ik het ook weleens gedragen, maar daar werkt het niet. Integendeel, toen ik er begin dit jaar de halve van Egmond in liep, hoorde ik iemand zeggen: 'Wat een egotripper is dat, zeg.' Maar in New York doen talloze lopers het, en het helpt. Ik wissel wat woorden met Sam, die net als ik onder de drie uur hoopt te eindigen. In het dagelijks leven is hij boekhouder, ergens aan de Westkust. Ik probeer me weer te concentreren op de ogenschijnlijk eindeloos lange weg die voor ons ligt. Alle aanmoedigingen kunnen niet voorkomen dat ik dit stuk een beetje saai vind. Om de tijd te doden tel ik hoe vaak Sam en ik persoonlijk worden aangemoedigd, als waren we onafscheidelijke vrienden die elkaar al jaren kennen.

Na een tijdje loopt hij geleidelijk bij me weg. Ik weersta de neiging mezelf te forceren door hem te volgen, en richt mijn aandacht op de muziekbandjes die geleidelijk steeds vaker langs het parkoers te horen zijn. Het varieert van ouderwetse stamprock, type Status Quo, tot heuse gospelkoren. En het wordt alsmaar drukker langs de kant.

Af en toe zie ik een enkele orthodoxe Jood verstoord kijken naar alle kabaal. Het is de bevolkingsgroep die op het oog het minst met de marathon heeft, maar dat heeft ook wel weer iets grappigs. Een enkeling steekt ook demonstratief het parkoers over, met de lange vlechten onder de zwarte hoge hoed als onmiskenbaar blijk van zijn culturele achtergrond. Nog altijd is me niet duidelijk of ze echt zijn of onderdeel van een pruik. Ergens vlak voor me zie ik zelfs een stel met een kinderwagen stoïcijns de weg vol hardlopers kruisen. Een enkele loper maakt zich daar druk over, mij lijkt het vooral riskant voor beide partijen.

Het parkoers is ondertussen wat bochtiger geworden en we naderen geleidelijk het halvemarathonpunt, dat zich bevindt op de brug die Brooklyn en Queens verbindt. Het is een weinig imposante brug, maar wel een venijnige. Voor het eerst merk ik dat ik me nu echt een beetje aan het forceren ben om mijn tempo niet te laten zakken en wel zodanig dat ik er vermoedelijk niet helemaal meer van kan herstellen, zoals vlak na de start. Precies halverwege lig ik dik een minuut voor op een vlak schema richting drie uur. Als ik de tweede helft even snel zou kunnen lopen als de eerste, kom ik uit op een onwaarschijnlijke 2.57, bedenk ik hoopvol. Maar direct slaat ook de twijfel al toe: dat gaat me helemaal niet lukken, en met een beetje verval zit die drie uur er ook helemaal niet in. Het traject door Queens vind ik een beetje rommelig. Je loopt er niet zo lang doorheen, en het lijkt alsof je er steeds op zoek bent naar de Queensboro Bridge, die je naar je eindbestemming, Manhattan, gaat brengen. Maar als ik dan uiteindelijk aan de helling tegen die brug op begin, heb ik spijt dat ik ernaar verlangd heb die brug op te mogen. Het is een vieze klim, er zijn ineens nauwelijks nog toeschouwers, en je loopt er voor je gevoel in het donker. Boven je zijn nog andere rijbanen, en van uitzicht is nauwelijks sprake. En wat duurt die klim lang! Ieder hellinkje dat ik in de Randstad ken duurt een fractie van deze Alpencol. Ik moet althans ineens denken aan beklimmingen als de Galibier of de Tourmalet...

In een enkele mijl ben ik mijn volledige voorsprong op het schema kwijtgeraakt, en mijn benen voelen al niet meer alsof ik die voorsprong in de afdaling weer terug ga verdienen. De bocht naar links, onder aan de afdaling van de Queensboro Bridge, is een van de meest markante punten in de marathon. Vanuit de relatieve stilte op de brug kom je hier aan in Manhattan, waar een uitzinnige menigte zich heeft verzameld die iedere loper bij wijze van hartelijk welkom First Avenue op schreeuwt. En dat is nodig ook, want psychologisch is dit vermoedelijk het zwaarste stuk van de marathon. Je bent op de hoogte van Central Park, de plek van de finish waar je ondertussen al hartstochtelijk naar begint te verlangen. Maar je moet omhoog, vals plat, tot ver voorbij de honderdste straat, het eiland weer af, alvorens er definitief terug te mogen komen. Helemaal stuk zit ik ondertussen. Ik hoor de mensen wel schreeuwen, maar het lijkt niet meer voor mij bestemd. Er komen ineens grote hoeveelheden lopers voorbij, die er allemaal nog fris uitzien. Af en toe probeer ik aan te klampen bij iemand die me niet al te voortvarend heeft ingehaald, maar steeds moet ik na een paar honderd meter weer afhaken. De truc die ik anders nog wel eens toepas, me vreselijk opwinden over een medeloper, werkt hier helemaal niet. Daar is de sfeer veel te vriendschappelijk voor. Ik denk aan het verhaal over Gerrie Knetemann, die het afzien in de marathon vergeleek met dat tijdens het fietsen. 'De martelgang van Kromme Lindert' noemde Kneet het, naar een gelijknamig volksboek uit de jaren dertig, van A.M. de Jong.

Hoe verhoudt mijn martelgang over First Avenue zich eigenlijk tot mijn werk? Kan ik net als Knetemann met het fietsen deed, een parallel ontdekken tussen mijn dagelijkse werk als psychiater en het lopen van deze marathon? Vergeleken bij een ernstige depressie stelt dit niks voor, bedenk ik. En ik heb hier nog zelf voor gekozen ook, een wel heel groot verschil met iemand die ziek wordt. Als er daadwerkelijk iets op het spel zou staan lukte het waarschijnlijk best om nog te versnellen en alsnog die barrière van drie uur te slechten. Als een van mijn zoons kanker zou hebben, en ik zou hem kunnen redden door onder de drie uur te lopen, dan zou dat toch zeker lukken? Dus lijd ik nu aan gebrek aan wilskracht, houd ik mezelf voor. Maar het helpt niets. Ergens is dat afzien misschien nog wel lekker ook, probeer ik mezelf voor te houden. Hoewel het alles bij elkaar toch vooral doet denken aan zoiets als een ongelukkige verliefdheid. Een verliefd gevoel is op zichzelf prettig, maar de wetenschap dat het object van aanbidding voor eeuwig onbereikbaar is maakt het bovenal tot iets pijnlijks.

De brug naar de Bronx is geen zware beproeving, normaal gesproken, maar op 2 november 2008 is het de plek waar ik me neerleg bij het onvermijdelijke gegeven dat ik niet binnen die drie uur zal eindigen. En gek genoeg geeft deze conclusie me de lucht waar ik de afgelopen kilometers zo naar gezocht heb. Wat dan nog, eigenlijk? Wie maakt het wat uit? Ik doe mee aan een van de mooiste sportevenementen ter wereld, laat ik er een beetje van genieten. Ik besluit maar gewoon niet meer op mijn horloge te kijken, en ook te stoppen met alle hoofdrekensommen over mijn vermoedelijke eindtijd 'als ik in dit tempo doorloop'. De brug die me voor de tweede keer naar

Manhattan leidt beklim ik niet snel, maar wel met een meer ontspannen gevoel dan op de vorige bruggen. Het heilige moeten is verdwenen, ik hoef alleen nog maar te genieten. En er valt genoeg te genieten. Ik ben weliswaar heel erg moe, maar ik heb nergens pijn en de finish ga ik zeker halen. De nummers van de straten die we passeren worden steeds lager, de panden langs de route steeds fraaier. En betrekkelijk snel loop ik ineens langs Central Park. Hier kruisen we opnieuw 100th Street, maar ik voel me nu een stuk prettiger dan de vorige keer, op First Avenue, toen ik nog van alles moest... Daar in de verte zie ik de lopers de bocht naar rechts al maken, het park in. Eergisteren heb ik hier proefgedraaid, dus vanaf dit punt is alles bekend terrein. Ik voel in mijn benen dat het hier glooit, maar in mijn hoofd maakt het allemaal niets meer uit. Ik geniet van de aanmoedigingen en de zon die inmiddels met behoorlijk wat kracht schijnt.

Ineens hoor ik een bekende stem mijn naam roepen. Het is vriend Leslie, die als masseur van de lopers mee is met een reisorganisatie. Als hij, een toploper, hier zelf had meegedaan was hij al een half uur binnen, realiseer ik me. En die gedachte helpt me zowaar het tempo nog iets op te schroeven, iets wat me al bijna twintig kilometer niet meer is gelukt. Nog even het park uit, over de chique straat langs de zuidkant van Central Park, en dan naar de finish. Ineens lijkt het alsof ik nog iets over heb zelfs, maar dat is vermoedelijk het effect van het grote enthousiasme langs de kant. In de verte zie ik nu al de tribunes bij Tavern on the Green, waar de finishlijn getrokken is. Nog een kort steil stukje, waar ik het niet kan laten als een dolle nog wat mensen voorbij te rennen. Weer een bekende stem, van Wim dit keer, links van me op de tribune. Direct na de streep ga ik naar links, tussen de grote hoeveelheid lopers vandaan die daar staat uit te puffen. Ik baan me een weg naar de tribune waar Wim zat, want ik heb ineens een grote behoefte mijn verhaal te doen. Maar ik kan hem niet meer vinden, dus wat nu? Het stuk plastic dat een vriendelijke vrijwilligster over mijn schouders heeft gedrapeerd zorgt dat ik het helemaal niet koud heb, maar iets of iemand met warme kleding is er niet. Wachten op Johan en andere bekenden lijkt me dan ook geen optie, dan word ik alsnog koud en stijf. Ik loop naar een uitgang aan de zijkant van het park en passeer het Dakota Building waar John Lennon bijna dertig jaar geleden werd doodgeschoten. Even later zit ik in de subway, waar ik met een mengeling van afgrijzen, verbazing en bewondering word aangestaard door sommige medepassagiers. 'How did it go?' vraagt de mevrouw tegenover me vriendelijk. 'Not bad, it was great fun,' antwoord ik stoer. En ineens realiseer ik me dat ik nog niet eens naar mijn eindtijd heb gekeken, iets wat me nooit eerder is overkomen. 3.04, en een extra reden om volgend jaar maar weer te komen, constateer ik tevreden.

Het stukje van de metro naar het huis van Bruce verloopt al een stuk moeizamer. Mijn benen doen een zeer geslaagde poging me te herinneren aan hun inspanningen van de afgelopen uren. Van hardlopers ontbreekt hier in Chelsea overigens ieder spoor. En de enkeling met wie ik op straat oogcontact maak, kijkt me vooral meewarig aan. 'Weer zo'n uitgewoonde gek die zo nodig de marathon moest lopen' zie je ze denken. Bruce, aan wie hardlopen ook niet besteed is, ontvangt me allerhartelijkst en laat snel het bad vollopen waar ik even later tevreden in zak. Een half uurtje later sjok ik samen met hem naar de Italiaan om de hoek, waar ik twee pasta's voor mezelf bestel, en een biertje. Ik sms in telegramstijl een verslagje naar het thuisfront, en stel vast dat het leven zo slecht nog niet is.

Op het vliegveld, waar ik ook geheel volgens traditie met mijn medaille om de nek voor de douane sta te wachten, hoor ik dat Radcliffe inderdaad heeft gewonnen. Wie er bij de mannen won weet niemand me te vertellen. Beetje bij beetje krijg ik van allerlei loopvrienden sms-berichten met hun prestaties. Ook van hen heeft niet iedereen zijn streeftijd gehaald, maar net als ik hebben ze enorm genoten en zijn ze stellig van plan om volgend jaar opnieuw mee te doen. Of het jaar daarna...

20 Epiloog

Het is eind juli 2009. Net als drie jaar geleden legde ik deze maand in Frankrijk de laatste hand aan een boek over hardlopen. Destijds fantaseerde ik over de marathon van New York, die ik later dat jaar voor het eerst zou gaan lopen. Dat die marathon uiteindelijk zou resulteren in dit boek had ik toen beslist niet in gedachten. Het feit dat ik door gelukkige omstandigheden in 2006 in de nabijheid van de legendarische Lance Armstrong kon lopen betekende de eerste aanzet om te gaan schrijven over de mooiste marathon die ik kan bedenken, die van New York.

Over een kleine honderd dagen sta ik daar als het goed is voor de derde keer aan de start. Opnieuw ga ik met een schema van Rob Veer mijn voorbereidingsperiode in. Mijn gedachten zijn er nu al vol van. Als nieuw ingrediënt van de voorbereiding ga ik proberen flink af te vallen, om iedere kilo die ik kan missen ook daadwerkelijk kwijt te raken. 'Kilo's zijn tijd.'

Lance zal er waarschijnlijk niet bij zijn, op 1 november in New York. Terwijl ik dit schrijf is hij aan het bijkomen van zijn eerste Tour sinds 2005, toen hij zijn zevende eindoverwinning behaalde. Bijna reed hij dit jaar zelfs even in het geel, dat hij vier jaar geleden voor het laatst droeg. Dat hij geen achtste eindoverwinning boekte lijkt me weinig verbazingwekkend, gezien zijn leeftijd en lange afwezigheid. Dat hij een podiumplek wist te veroveren was al een prestatie van formaat, waar zelfs de chauvinistische Fransen bewondering voor hebben. Volgend jaar is hij nog beter, beweert hij nu al. En met Lance weet je het nooit. Meedoen zonder kans op de eindoverwinning lijkt me niet in zijn aard liggen. Hij gaat een nieuwe ploeg formeren en heeft de sponsor ook beloofd hardloopwedstrijden en triatlons te gaan doen, schijnt het. Dus misschien zien we hem toch nog eens aan de start van de New York-marathon.

Ik bedacht me een paar weken geleden, toen ik in de Franse Alpen zat, hoe Gerrie Knetemann volgens Wim Verhoorn moest afzien toen hij zijn marathons liep. En bij wijze van experiment ging ik toen het laatste stuk van de Touretappe naar Le Grand Bornand rijden, om te kijken of ik als fanatieke amateur-hardloper net zo vreselijk af zou moeten zien op een racefiets als een voormalige profwielrenner op hardloopschoenen. Op een geleende fiets vertrok ik naar het dorpje Romme, in het volgende dal. Daar keerde ik om, en reed over het officiële parkoers van La Grande Boucle terug naar Le Grand Bornand, over de Col de la Colombière. De klim was nog geen acht kilometer, maar wat heb ik afgezien... En dan heb je volgens de organisatie van de Tour nog maar met een col van de eerste categorie van doen, niks geen buitencategorie. Drie kwartier deed ik erover, en in die tijd zag ik meer af dan ik me van enig loopevenement kan herinneren. Alles deed zeer, mijn hoofd knapte uit elkaar, mijn benen voelden als verzuurde explosieven. Ik overwoog een paar keer serieus om af te stappen, of me domweg om te laten vallen. Zo moeten Kneet en Armstrong zich gevoeld hebben tijdens het lopen van de marathon, hield ik mezelf voor. Alsof ik mezelf met profsporters zou mogen vergelijken.

Maar in ieder geval hebben zij ook niet opgegeven, en kan ik hen als inspiratiebron gebruiken als ik vreselijk afzie...

De dag erna ben ik weer lekker gaan hardlopen, door een niet al te steil dal. Op een racefiets zien ze me voorlopig niet meer.

Websites

Voor ieder soort hardloper is er veel bruikbaars te vinden op het internet. Hieronder een alfabetische opsomming van websites die aansluiten op de inhoud van dit boek, en sites waar ik liefhebber van ben, of die informatie verschaffen die bruikbaar is voor mensen die deelname aan de marathon van New York City overwegen.

www.atp.nl: de 'advanced travel partner' organiseert geheel verzorgde reizen naar de NYC-marathon en andere (inter)nationale marathons, met inbegrip van een startbewijs.

www.hansspa.nl: website van Hans van Zutphen, voor intensieve behandeling van blessures, maar ook leefstijladvies en samenwerking met voedingsexpert Remco Verkaik.

www.hugovandenbroek.com: website van de Nederlandse marathontopper die in dit boek aan het woord komt.

www.kikarun.nl: nog een prachtig voorbeeld van een loop ten behoeve van een goed doel, Kinderen Kankervrij. Op de tweede zondag van juni in recreatiegebied Spaarnwoude, grofweg tussen Amsterdam en Haarlem. Er wordt geld ingezameld om onderzoek naar de behandeling van kinderkanker te ondersteunen. Ook hier een kidsrun, en vijf of tien kilometer.

www.kiwiamsterdam.nl: de plek voor een inspanningstest én een rustmeting, waarbij je precies te weten komt hoe je de balans tussen inspanning en ontspanning het beste bewaakt, op weg naar de marathon. Achter Kiwi zit Koen de Jong, ex-profwielrenner en expert in het bewaken van de juiste balans tussen training en herstel.

www.letterenloop.nl: een unieke loop door Bloemendaal en Haarlem, waarin lopen en lezen samenkomen door deelname van talloze schrijvers en mensen uit de boekenwereld. De opbrengst gaat naar de Stichting Run4Schools. Start en finish op de ijsbaan van Haarlem, de eerste zondag van de maand, kidsrun van anderhalve kilometer, volwassenen vijf of tien kilometer.

www.loopvoorhoop.com: butler Jeroen Boekel loopt de New York City-marathon om Ghanese weeskinderen te helpen. Hij streeft naar € 42.000...

www.losseveter.nl: voor de echte liefhebber. Een initiatief van ex-toploopster Vivian Ruijters, en een favoriet van vrijwel iedere Nederlandse toploper.

www.nycmarathon.org: de officiële website van de organisator van de marathon in New York.

www.privetrainer.nl: website van Leslie Pangemanan. Deze toploper kan je persoonlijk inhuren om je te helpen in de voorbereiding op een marathon.

www.robdrupperssport.nl: de site van Rob Druppers, met daarop alles wat deze voormalige wereldtopper op de achthonderd meter voor lopers in de aanbieding heeft.

www.robveer.com: website van de auteur van de hardloopscheurkalender, die ook schema's op maat levert.

www.runnerstv.nl: voor het kijken naar hardlopen, de site van de sponsor van Hugo van den Broek.

www.runnersweb.nl: homepage van het bekende hardloopmaandblad *Runner's World*, waar onder meer een zeer uitgebreide agenda met loopevenementen te vinden is.

www.run4schools.nl: stichting die zich ten doel stelt om aan kinderen in de township Mitchells Plain, bij Kaapstad, Zuid-Afrika, in- en naschoolse sportopvang te bieden. Run4Schools financiert en organiseert dit om de kinderen na school uit handen te houden van bendes ('gangs') en daarmee te voorkomen dat ze in aanraking komen met drugs, criminaliteit of erger. De stichting is opgezet door hardloper Leslie Pangemanan.

www.runningtherapie.nl: voor mensen die overwegen van hun hardloophobby werk te maken. Een opleiding waarin men leert om mensen met psychische klachten door regelmatige lichaamsbeweging een beter gevoel te bezorgen. Hardlopen als therapievorm, ter bestrijding van depressies, en ter voorkoming van burn-out. Op deze site vindt men een overzicht van alle gecertificeerde runningtherapeuten in Nederland en Vlaanderen.

www.twooceansmarathon.org.za: prachtige ultraloop over 56 kilometer, die relatief nog zwaarder is door het geaccidenteerde parkoers en de meestal hoge temperatuur. Met zijn deelname aan deze loop begon Leslie Pangemanan met het werven van geld voor zijn stichting Run4Schools. Met tijden ruim onder de vier uur was hij er meerdere keren de snelste Europese deelnemer.

www.marathonbrabant.nl: prachtige, niet al te grootschalige marathon, die iedere herfst in het West-brabantse Etten-Leur wordt georganiseerd.

www.xs4all.nl/~timkr/: de website van schrijver en sportman Tim Krabbé

www.zkaloop.nl: bij velen nog altijd bekend als de 'Trosloop', een fraaie maar pittige halve marathon die door de duinen naar Zandvoort gaat en via de glooiende Zeeweg terug naar het centrum van Haarlem. Ruim een maand voor de New York City-marathon en door het geaccidenteerde parkoers een ideale voorbereidingsloop voor New York.